U0618754

市场经济与城市管理

李　苗◎著

吉林出版集团股份有限公司

图书在版编目（CIP）数据

市场经济与城市管理 / 李苗著. — 长春 ： 吉林出
版集团股份有限公司，2022.4

ISBN 978-7-5731-1370-2

Ⅰ．①市… Ⅱ．①李… Ⅲ．①市场经济－研究②城市
管理－研究 Ⅳ．①F014.3②F293

中国版本图书馆 CIP 数据核字（2022）第 055691 号

市场经济与城市管理

著　　者	李　苗
责任编辑	白聪响
封面设计	林　吉
开　　本	787mm×1092mm　　1/16
字　　数	210 千
印　　张	9.5
版　　次	2022 年 4 月第 1 版
印　　次	2022 年 4 月第 1 次印刷
出版发行	吉林出版集团股份有限公司
电　　话	总编办：010-63109269
	发行部：010-63109269
印　　刷	北京宝莲鸿图科技有限公司

ISBN 978-7-5731-1370-2　　　　　　　　　定价：68.00 元

版权所有　侵权必究

前　言

随着经济的发展我国经济建设已经进入了社会主义市场经济为主导的时代。在市场经济发展的过程中，企业之间进行激烈的市场竞争，弱者将被淘汰。由于我国的经济发展速度较慢，发展的水平较低因此在激烈的市场竞争中并没有占据一定的优势，需要政府给予一定的帮助，辅助企业的发展。实践已经证明通过政府直接干预企业的生产经营对企业在开放市场中的竞争十分不利，因此需要政府做出新的调控方式。通过间接调控而不直接进行企业生产经营能够在较短时间里取得较大的成绩。因此城市政府通过价格、税收、信贷等经济杠杆去调节市场，已经成为社会主义市场经济发展的必然趋势符合我国现阶段经济的发展现状。

政府进行城市经济管理主要借助法律、经济、行政手段对城市经济环境进行调节控制，保证经济发展平稳，创造更多的财富。城市经济调节控制过程中调节控制的主体应该是城市政府，这主要取决于城市的经济特点。城市经济的发展同乡村经济发展模式存在一定的差异，城市经济是区域经济的中心，这里汇聚着大量的企业信息以及资金和人才，他们共同集聚在较小的范围内。城市经济同时还有综合性的特点这也是城市成为经济调控主体的重要因素。城市经济包括工业、商业、交通运输、信息服务等很多内容，涉及各种经济生产形式已经构成经济发展的综合体系。什么是城市经济管理？一般来讲就是政府利用政治、经济、法律等相关措施对城市经济进行有序的控制与协调，以确保城市经济可以持续稳定地向前发展，从而收获更多的经济效益。在整个城市经济管理构成中，主体是城市政府，政府起着调节城市经济活动的关键作用。与乡村经济相比，城市经济的特点就是综合性与集聚性，城市集中了社会多种经济活动，越来越多的金钱、居民、信息都竞相集聚在这有限的城市当中。

城市经济的综合性是指城市包含工业、商业、交通运输业、信息服务业等各类经济部门，而且包含在众多经济部门中的成千上万个经济单位又涉及各种不同的生产资料所有制形式。由于城市经济发展的综合使得经济发展中难免出现一定的问题，因此需要有一种强有力的力量通过正确的方式进行调节和控制，这时城市政府的职能就显现出来了。

总而言之，在社会主义市场经济环境下我们必须认清市场竞争的激烈性、复杂性，同时还应该端正态度，对经济发展形式做出正确的预测，同时政府部门在复杂的市场竞争中正确有效的行使其职能，为企业发展保驾护航。

目录

第一章 市场经济 ·· 1

    第一节 市场经济问题 ································· 1

    第二节 中国市场经济的逻辑 ··························· 4

    第三节 社会主义市场经济的优越性 ······················· 7

    第四节 生态市场经济 ······························· 10

    第五节 市场经济促进科学技术发展 ······················· 16

    第六节 市场经济发展与法制建设 ························· 20

第二章 市场经济与城市管理 ······························· 25

    第一节 城市管理面临的困境 ··························· 25

    第二节 数字化城市管理 ····························· 27

    第三节 城市管理持续发展机制 ·························· 30

    第四节 网格化治理与城市管理 ·························· 32

    第五节 大数据与城市管理 ···························· 35

    第六节 城市管理与城市经济发展 ························· 39

第三章 市场经济与城市规划管理 ··························· 42

    第一节 城市规划管理中存在的问题 ······················· 42

    第二节 BIM 与城市规划管理 ··························· 44

    第三节 多元利益与城市规划管理 ························· 46

    第四节 城市规划管理和公众参与 ························· 49

    第五节 信息运用与城市规划管理 ························· 52

    第六节 城市建筑与城市规划管理 ························· 55

    第七节 城市规划管理新趋向 ··························· 58

第四章 市场经济与城市环保管理 ··························· 61

第一节　环保工程管理的现状……………………………………………61

第二节　智慧城市与智慧环保建设…………………………………………63

第三节　城市环境卫生管理…………………………………………………66

第四节　市政工程环保施工管理……………………………………………68

第五节　市政工程环保型施工管理…………………………………………71

第六节　城市空气污染控制及管理…………………………………………73

第七节　文明环保在市政管理中的应用……………………………………76

第五章　市场经济与城市形象管理……………………………………………81

第一节　城市形象管理的内涵………………………………………………81

第二节　城市形象管理的为与不为…………………………………………91

第三节　公共管理与城市形象建设…………………………………………95

第四节　城市形象视觉管理…………………………………………………99

第五节　城市媒体形象研究的建构维度………………………………… 106

第六节　城市品牌视觉形象设计………………………………………… 109

第六章　市场经济与城市应急管理………………………………………… 113

第一节　城市应急管理现状……………………………………………… 113

第二节　城市应急管理的情报能力……………………………………… 116

第三节　城市应急管理文化建设………………………………………… 124

第四节　国际经验创新城市应急管理…………………………………… 128

第五节　区域中心城市应急管理………………………………………… 133

第六节　城市应急管理体系的上下同构………………………………… 138

参考文献…………………………………………………………………… 145

第一章　市场经济

第一节　市场经济问题

市场经济，是人类社会一种有效的经济形式。对于这种经济形式，我们要认识其利弊。根据具体情况，探索符合实际需要的市场经济模式，不能盲目照搬照抄。本节总结经验，分析利弊，进一步讨论市场经济问题。

市场经济，是人类社会一种有效的经济形式。对于这种经济形式，我们要认识其利弊。根据具体情况，探索符合实际需要的市场经济模式，不能盲目照搬照抄。

一、市场经济的概念

什么是市场？市，就是交易；市场，就是进行交易的场所。所以，市场经济就是人们之间广泛进行各种交易的经济形式。

市场经济什么时候产生？大约有人类，就有交易，所以，市场经济应从古就存在，只是存在的规模和水平有所不同。但随着人类生产力水平的提高，人们交往的日益频繁，人们互相之间交易的频率也在增加，所以，市场经济也就越来越普遍。

按照法国年鉴学派第二代领军人物布罗代尔的观点，市场经济和资本主义经济有所不同。布罗代尔认为，资本主义并不是一朝一夕出现的，其基础只能在长期的日常物质生活中去寻找，资本主义本质上是反市场的，市场经济处在资本主义的下层。在《十五至十八世纪的物质文明、经济和资本主义》一书中，布罗代尔认为：简单来说，资本主义有一种活生生的辩证关系，它同位于它下方的非资本主义因素相矛盾。人们常说大公司容忍小企业的存在，不然只消一口就足以把小企业吞下。司汤达曾同样想到，在文艺复兴时代的意大利，大城市因出于善心，给中小城市留下一线出路。没有小城市为大城市服务，大城市也就不能生存。至于大公司，加尔勃雷斯认为，它们不会去妨碍小企业的存在，因为小企业的规模小，生产成本较高，由此确定的市场价格能使大公司多得一份利润。照他这么说，似乎大公司单独就不能随意确定价格和扩大它们的利润。此外，如同 18 世纪的制造厂不断求助于分散在自己四周的手工作坊一样，大公司也把某些活计交给提供成品或半成品的加工商去完成，另外还有转卖商、中间人的活动场所。所有这些中间环节显然都直接附属于资本主义，但它们只构成小企业的一个特殊部门已。

二、市场经济的利弊

市场经济的好处是多方面的。从生产方面来看，市场经济有利于竞争，有利于提高生产效率。世界经济的增长，有多一半功劳属于市场经济。从消费方面来看，通过交换，市场经济提高了交换双方的福利水平，最终提高了全社会的总福利水平。

但市场经济的不足也是多方面的。从生产方面来看，市场自由竞争，最终可能导致大垄断集团的产生，而大垄断集团的产生，又可能破坏自由竞争，这会与市场经济的本质要求产生冲突。从分配方面来看，市场经济可能会导致两极分化，社会财富可能会出现严重不均现象，这会引发诸多社会问题。一是会对民主政治健康发展构成巨大威胁，民主会成为金钱民主，并导致改革难度加大。二是会对经济健康持续发展构成巨大威胁。因为财富的不均衡，必然会导致经济系统存在一些薄弱环节，一旦这些薄弱环节断裂，经济系统的正常流转就断裂，这必然会引起经济的较大波动或经济危机。比如，次贷危机，背后深层次实质是财富不均的问题。因为存在一部分人还款能力弱，这就为经济危机或金融危机的爆发提供了基础。另外，在财富差距大的情况下，虽然社会可能存在繁荣，但这种繁荣会更多具有虚假的成分，因为繁荣背后，演绎的更多是辛酸的故事，是辛酸支撑了繁荣，而不是真繁荣。三是财富差距大，会催生文化断裂。穷人与富人会形成两种价值观，并互相冲突，这不利于团结建设。同时，对国家的精神健康发展也不利。一些暴力事件有可能频发，精神疾病患者包括抑郁症和焦虑症患者等都可能会增加。从环境方面来看，市场经济对环境建设也十分不利。因为市场经济最重要的是货币，除了货币，其他一切都是次要的。目前，世界环境问题已是一个大问题。从道德建设方面来看，市场经济对道德建设也十分不利。因为市场交易，本质是一个买卖过程，而在买卖行为中，出价的一方，总希望有一个高价，而受价的一方，则总希望有一个低价，这中间的博弈，总是会难免有投机和算计的成分。这种行为时间久了，最终会嵌入人的意识深处，对人的道德系统产生深层解构，破坏道德大厦的稳固根基。另外，虽然在市场经济博弈中也会产生道德需求，比如企业诚信，有诚信的企业会更有销路，效益更好，但这种道德建设更多具有工具理性，而不具有价值理性，不是康德所提倡的所谓道德，这种道德本质上是一种利益支撑下的道德，本质是不稳固的，在巨大的利益诱惑面前，很容易土崩瓦解。所以，这种道德往往也具有欺骗性。另外，由于信息不对称问题的存在，也为市场经济的道德破坏提供了更大发挥空间。

三、市场经济的适用范围

未来理想社会，应是马克思设想的自由人的联合体。由于技术的极大进步，人类可以对需求与供给进行有效预测和控制，这可极大缩小价格调节的范围。另外，由于技术的进步，人类的生产能力大大提高，可有效缓解来自需求的压力。但人类要真正实现理想社会，需要着力建设公平的制度，需要着力建设精神文明。未来理想社会自由人的联合体，是物质文明、制度文明、精神文明的有机统一，三者缺一不可。

一个国家市场经济的效率最终与这个国家的道德存量成正比。一个国家的道德水平越高，市场经济的效率必然越高。

另外，一个国家是否适合发展市场经济，还有一个道德临界点。只有在一个国家的道德水平超过这个临界点时，这个国家的市场经济整体效率才可能为正值，才可能有条件发展市场经济，市场经济才可能为其带来正效益。但若一个国家的道德水平低于临界值，其发展市场经济，总体效率会成为负值，在这种情况下，发展市场经济就不是一种理想选择。

市场经济在不同国家，应有不同的实现形式。因为市场经济最终是一种制度设定。而任何制度设定，都必须要考虑与特定文化相容的问题。若制度与文化不相容，最终制度必然被文化蚕食，成为空架子。由于不同的国家，有不同的国情，尤其有不同的文化。所以，不同国家，不能盲目照搬别国的市场经济模式，应探索适合自己的市场经济模式。

四、市场经济建设

（一）发展市场经济，要大力推进社会的精神文明建设

发展市场经济，一定要同步大力推进社会的精神文明建设，这是配套工程。建设精神文明，需要重点培育三大元素：诚信意识、理性精神、敬畏意识。诚信为市场交易提供基本的底线保障，理性为市场经济的长远发展提供智慧支撑，敬畏为市场经济的规则性提供内在约束。

（二）发展市场经济，要大力加强政府建设

第一，由于政府的产品具有公共产品特性，难以从产出方面有效衡量，可以考虑从投入角度进行约束，如应加强预算约束、人员编制约束等。第二，政府建设需要多方利益主体参与，让不同利益主体都有发声渠道，这有利于保障弱势群体的利益。第三，政府应广泛建立各种协商机制。通过各方协商，达成利益共识。第四，政府的制度建设应满足公开化原则。公开是实现正义的有效路径。公开是阳光，公开会大大激活正能量。不公开的环节越多，阴暗的行为也会越多。

（三）发展市场经济，要大力发展第三部门

第三部门是对市场不足和政府不足的有效补充。发展第三部门，需要政府的大力支撑。同时，也要进一步完善对第三部门的法制支撑。

（四）发展市场经济，要严格限制信用的扩张

信用制度让市场经济取得透支未来的形式。目前，透支未来的发展模式已经危及人与自然的和谐、人与社会的和谐等。经济发展应坚持节俭的经济学，要严格控制虚拟经济的规模，要严格货币的发行。

（五）发展市场经济，要建立以幸福为主要目的的发展考核手段

这在导向上会对市场经济起到重要的矫正作用。单纯以 GDP 为目的的市场经济考核手段，会进一步加剧市场经济的负面作用。

五、市场经济的未来

计划经济和市场经济两种形式，会不断在波动中前进。几十年后，当市场经济弊端太严重时，可能计划经济需求会更强烈；再过几十年，当计划经济弊端太严重时，可能市场经济需求会更强烈。最终，二者会在不断融合中发展，同时也伴随着体制上的波动。

另外，市场经济原则并不适用于一切产业。对关系国计民生的产业，就需要谨慎使用。比如农业和粮食生产，就需要谨慎。民以食为天，粮食安全是国家安全的重要基础。若将粮食产业完全交给市场，对国家对社会风险极大。发展农业，在制度设计上，应需要将计划和市场有机结合起来。再如疫苗生产，事关人民生命安全，不能完全交给市场。

第二节　中国市场经济的逻辑

一、什么是市场的逻辑

张维迎认为市场的逻辑，简单讲就是：一个人如果想获得幸福就必须先使别人获得幸福。而市场逻辑的基础在于：自由、产权和企业家精神。这三者之间是具有内在联系的。"自由和市场是同一硬币的两面。"对于市场来讲，自由是首要条件，如果没有自由，市场就无法运行。而自由的前提就是私有产权制度，"有了私有产权制度你才可以有真正的自由"。而且私有产权制度本身也是对企业家地位予以的尊重。因为企业家是市场经济的灵魂，也是经济增长的国王。在张维迎看来，自由竞争对市场经济的正常运作起着关键作用。现在很多所谓的市场缺陷，在很大程度上都是政府干预市场自由运行的结果，而不是市场经济本身的问题。正是由于政府对市场的过度干预才破坏了市场经济的正常运行。张维迎认为，在市场经济中，人应该是自由的，对一个人的唯一限制就是不能伤害别人，至于哪个人能够成为企业家，应该靠自由竞争说了算。同样，市场经济中，企业也应该是自由的，不仅应该允许市场中的企业进行自由竞争，而且应该允许企业自由准入一个行业。在自由竞争的过程中，价格发挥着非常重要的作用。价格是一个信号，它可以告诉人们哪些东西有价值，哪些东西没价值。在市场中每个人必须为他人创造价值才可以获得收入。因此企业之间所进行的竞争，就是为消费者创造剩余价值的竞争。"竞争越激烈，企业相对消费者能够拿走的份额越少留给消费者的剩余越多。"但是市场竞争不能简单地理解为价格的竞争，而是要看谁能够有能力生产出新产品。正是由于市场经济中存在的这种竞争性，大大推动

了人类的技术进步，而且可以使新的技术迅速商业化，大大提升了人们的生活品质。

张维迎认为"产权是道德的基础，一个社会毁灭了产权，也就毁灭了人们追求长远利益的动机"。企业在市场中自由竞争可以为人们创造财富，但是自由竞争的前提就是私有产权制度，只有有了私有产权制度，企业才可以有真正的自由。只有尊重产权制度，才能对自由予以保障。如果产权得不到确定，政府从中进行的干预越多，那么个人对未来就越难有一个稳定的预期，这会大大增强个人追求短期利益的动机。

二、中国企业家与市场经济

张维迎认为企业家是社会财富的创造者。这也恰恰符合张维迎提出的市场经济的两个基本特征：一是在市场经济中竞争是为了给他人创造价值，二是市场经济是陌生人之间的分工合作。"市场的一个特点是，生产者和消费者是分开的。"市场经济是由消费者主导的经济，一家企业做得好或者不好要靠消费者来评判，所以建立市场信任就变得尤为重要。建立足够的信任是任何企业家在市场中生存的根本，不然就会被市场淘汰。所以一个企业如果想在市场上取得成功，就必须建立好的声誉，不然无人信赖就会遭到淘汰。而企业家、企业和利润正是建立市场信任的关键所在。参与市场经济的企业可以被看作是通过连带责任建立起来的信任组织。企业所有权制度、利润制度，都可以被看作是连带责任制度。这种制度能够使消费者更加有效地对生产者进行监督。市场通过企业、企业家以及利润等制度构造使参与市场的个人对自己行为负责，进而建立起人与人之间的互信机制。建立市场信誉机制必须做到五点：第一，具有明确的产权制度。第二，规范政府行为。第三，具有比较好的信息传输机制。作为企业家，必须以市场为导向，以市场需求为自己生产的依据。无论是资源的流动，还是商品的流动，都必须以价格信号为导向，因此，保证良好的信息传输机制是极为重要的。否则，无论是作为供给资源的要素类生产企业，还是销售产品的企业都会因为信息传递的不顺畅造成不可估量的损失。第四，有法律保障。第五，尽可能地减少政府部门的交易行为。

对于企业家而言，时刻对市场中的信息保持灵敏的嗅觉，是在市场经济中生存的必备素质。关注市场中的信息不仅仅是关注要素或商品的价格导向，更重要的是关注消费者的偏好和消费心理。企业家在市场经济中需要做的另一件重要事情是如何对产品的价格做出正确的反应。在市场经济中，价格扮演着极为重要的角色。任何企业家都不可以忽视它的存在。无论在要素市场，还是在产品市场，价格反映的不仅是产品的价值本身，更多反映的是一种市场信息。因此，企业家如何去理解价格的变动，会直接影响企业的发展。一味地追求低价、薄利多销，或者一味依靠低廉的价格来打动消费者，激发购买量，刺激消费者的购买欲望，已经渐渐不适合现代的中国市场，尤其是经济相对比较发达的市场。很多行业中，销量最大的产品未必是价格最低的产品，随着生活节奏的加快，人们对产品品质或者用户体验的追求比以往任何时期体现得更为明显。好的用户体验和产品品质一样，不仅能够给使用者带来源自产品使用价值上的满足感，更能给用户带来心理和精神上的愉悦。

三、中国市场经济的逻辑

市场经济属于责任制度，利润则是考核方式，而企业家就是拿利润的人。但是利润意味着责任，企业家作为拿利润的人，就必须比普通员工承担更多责任。企业家能够承担的责任越大，就能把企业做得更大，同样也能赚取更多的利润。但是利润可能是正值也可能是负值，所以利润本身就成为一种对企业家的激励机制。利润不仅可以调动员工的工作积极性，还能够发挥企业家的创业积极性和创新积极性。利润的来源有三个，一是品牌，二是创新，三是企业对市场秩序所进行的维护。

张维迎认为，品牌本身就是由一系列责任构成的。"品牌实际上意味着一种责任。"品牌是生产者为消费者提供的一种信誉保证。所以对商标和品牌的保护不是为了保护企业家，也不是为了保护企业，而是为了保护众多的普通消费者。因为只有当品牌和商标所有者的权利得到了保护，企业才具有建立良好的商誉和出色品牌的积极性。消费者才能够安心使用。因此一个企业所承担的责任越大，它在价值链上所占的份额也越大。创新是企业家必须要肩负起的重任。企业家需要负责把技术专家的发明变成对消费者具有价值的东西。张维迎认为创新需要通过企业和市场才能发挥作用，而资源利用和技术进步也都必须依靠市场机制以及利润机制的引导，所以健全的市场制度尤为重要。在健全的市场制度下，企业追求利润，为消费者创造价值和承担社会责任这三者之间是不矛盾的，并且是基本一致的。

在中国的市场经济逻辑下，对于拿利润的企业家而言，工作主要有两个：一是对不确定性的应对，利润就是对不确定性的一种补偿。二是推动社会创新。创新改变的不仅是人们的生活节奏，更改变了人们的生活方式，企业的创新能力已经成为企业生存的生命线。从先前的云计算，到后来的大数据，都对人们的日常工作、生活产生了革命性的影响。人们的生活变得更加快捷，通过互联网，人们可以像获取自然水一样轻松地获取各种信息和咨询，人们可以把各种难于计算的复杂问题交给云计算、大数据，通过高效精准的运算，告诉人们最准确的答案。创新和生活方式的改变是交互的。随着人们生活节奏的加快和生活方式的改变，对企业的创新也提出了更高的要求。随着购物网站的大量出现，人们更喜欢足不出户，就可以在网上买到心仪的产品。然而，网购有一个不得不面对的问题，就是商品在网上被交易之后，如何安全快速地运送到购买者的手中。而且，网购还有一个不同于传统购物方式的特点，人们网购的商品并不是就近的，很可能是来自全国乃至世界任何地点的产品。这对于物流行业来讲，不得不说是一种挑战，但同时也是一次契机。机器人手臂的运用解决了物流业的技术问题，也是对物流业内企业的一次洗牌。那些缺乏或无法对市场需求迅速做出反应的，缺乏创新能力的物流企业，终将被市场淘汰。从机器人手臂在工业中的广泛运用，再到今天的机器人养老，无一不在预示这一个新时代——人工智能时代的来临。换句话说，对于任何行业来讲，一项新技术的诞生，不仅意味着生存的风险，也同样预示着自身发展和赶超业内企业的机遇。任何企业想生存，都必须加快运用人工智能技术，不断创新，进而来为企业赢得更好的发展契机。

市场能够创造财富的原因在于市场上的企业之间必须要进行竞争，如果一个企业想比其他企业做得更好，就必须要靠创新。我们应该习惯于依靠市场竞争来维护消费者的利益。正是这种竞争可以更好地满足消费者的需要。而现在中国的企业家所面临的困境在于把过多的精力投放在如何应对政策出现的不确定性方面。但是作为企业家，应该做的是面向市场，服务客户。尤其是民营企业更要学会按照市场逻辑赚钱。所以作为政府，最需要做的就是保护产权和推动竞争。只有这样，中国的企业家精神才能够发挥出来。企业家精神是能够推动未来发展的宝贵资源，而且企业家精神隐藏在每个人身上。正因如此，才需要靠自由竞争来发掘企业家精神。只有那些对行业未来发展具有灵敏嗅觉的企业家，才能在市场竞争中生存。保护产权和推动竞争不仅可以让企业按照市场逻辑去创造财富而且对企业家人才的配置也有积极作用。而企业家人才的配置又会影响技术进步，因此，如何配置企业家人才对经济增长有极为重要的作用。

第三节　社会主义市场经济的优越性

20世纪70年代以来，在我国社会主义市场经济体制的作用下，社会发展取得了巨大成就，这与资本主义国家近十几年来不断爆发经济危机的现实情况形成了鲜明的对比。笔者将从生产目的角度、经济运行与调节机制角度、维护社会公平防止两极分化角度、社会道德角度、生态文明建设角度浅谈社会主义市场经济相较于资本主义市场经济的优越性。

社会主义制度与市场经济的结合毋庸置疑是好的，从改革开放四十多年的成就来看，这既发挥了社会主义制度的优越性，也激发了市场经济的活力，使社会充满生机又有条不紊。回顾资本主义制度与市场经济相结合的这几百年，虽然激发了资本主义社会的巨大产能，在经济上有了飞速发展，但是资本主义制度与市场经济相结合也暴露了一系列的弊端。即便资本主义国家在出现问题时不约而同地采取了一些补救措施，加强了政府对市场的调控力度，但仍没有从根本上解决问题。事实证明，市场经济与社会主义制度相结合明显优于市场经济与资本主义制度相结合。

一、从生产目的的角度谈优越性

社会主义市场经济的优势之一是：在生产目的上，社会主义市场经济是为了消灭剥削，最终实现人的自由而全面发展，资本主义市场经济则是为了满足生产资料所有者积累财富的需要，是为了进一步剥削。社会主义公有制可以解决资本主义私有制无法克服的矛盾。

资本主义私有制，把生产与消费割裂开来，即生产具有私有性，消费具有社会性，违背了生产和消费相统一的本质规律。在这样的情况下，企业不知道应该生产什么，也无法预测应该生产多少；而消费者只会根据个人和组织的需求进行消费，如此一来，社会生产会陷入无政府状态，造成社会资源的巨大浪费，进一步激发经济危机。

在社会主义公有制条件下，生产的主人是劳动者，劳动者进行社会生产的唯一目的就是满足自身和家人的需要，而在市场经济条件下，商品的生产者和经营者进行生产经营的唯一目的则是追求利润最大化、追求价值增值最大化。在社会主义市场经济条件下，商品的生产者和经营者既拥有生产资料，又承担生产和经营的任务，具备双重身份。因此，作为生产资料所有者以及商品的生产者和经营者，必须在满足自身需求的同时，追求价值增值和实现利润最大化。不同之处则是，在公有制条件下，商品生产者和经营者，在追求价值增值和利润最大化的过程中，能够从社会角度出发进行生产经营，而不是仅从个人利益角度，克服了市场经济本身的缺陷。

二、从经济运行与调节机制角度谈优越性

社会主义市场经济的优势之二是：在运行方式和调节机制上，社会主义市场经济坚持市场机制与宏观调控相结合。在现代市场经济环境下，要使市场有序有效运行，必须实现市场调节与宏观调控有机结合。而政府宏观调控要以其掌握的庞大国有经济为物质基础和物质支撑，资本主义市场经济以私有制为基础，政府调控缺乏物质基础，因而调控乏力、形同虚设。

资本主义市场经济以私有制为基础，以市场自发调节为特征，以分散个体决策为主导的"自由市场经济制度"。因此，由市场经济本身所具有的缺陷所造成的社会问题，在资本主义国家中越演越烈。1825年英国爆发世界上第一次经济危机，至此之后，资本主义国家先后经历了多次经济危机，为缓解经济危机，国家干预开始逐步介入其经济发展之中，即便国家的宏观调控力度逐步加强，但并不能从根本上解决经济危机问题，甚至出现了更为剧烈的经济危机。主要原因就是政府调控缺乏坚实的物质基础，政府空有干预之心却无干预之力，甚至还会受金融寡头的影响和操纵。

社会主义市场经济把市场机制与宏观调控有机结合起来，各取所长，发挥了市场经济和宏观调控的优势，同时又弥补了两者的缺陷。第一，国家宏观调控是政府采取一定的行政手段、经济手段和法律手段对市场进行调节，主要包括促进经济增长、稳定物价、增加就业、抑制通货膨胀、增加就业、调节收入分配等，有效弥补市场经济本身缺陷所带来的各种不足，保障资源的合理配置，确保国民经济健康发展。第二，市场在国家宏观调控的引导和调节下，使各生产要素在市场上有序流动，从而满足人民的需求，使经济发展井然有序，使人民生活安定。第三，国家的宏观调控有助于充分发挥社会主义集中力量办大事的优势，将大笔资金投向利国利民的巨大工程中去，投向前沿科技发展的研究中去，投向

应对突发事件、自然灾害中去。

三、从维护社会公平防止两极分化角度谈优越性

社会主义市场经济的优势之三是：社会主义市场经济坚持共同富裕这个最终目标。社会主义市场经济兼顾公平与效率，以保障广大人民群众的根本利益为目标，为实现合理的收入分配为目标，以最终实现共同富裕为目标。然而，资本主义市场经济则是只注重效率，不仅无视社会中贫富两极分化的问题，反而是作为资本和财富所集中的少数资产阶级与享有极少数资本和财富的多数无产阶级相互对立。

在资本主义市场经济中，两极分化问题极其严重，这是由其社会基本矛盾所导致的。由于资本主义市场经济的主要分配方式是按资分配，所以资本家积累资本的一般规律就是其自身资本财富的增长与其他劳动人民贫困化并存的。建立在私有制、无政府状态、盲目竞争基础上的资本主义市场经济必然导致两极分化，而周期性爆发的经济危机则是资本主义基本矛盾激化的唯一缓解方式。虽然当前资本主义国家实行超前消费、刺激消费均能缓解压力，但是无产阶级支付能力不足的问题依然难以解决，这直接影响了社会治安的稳定，阻碍了社会健康有序和谐的发展。就如2011年美国的"占领华尔街"运动引发了全球的高度关注，原因就是为了反抗资本集中占有者的贪婪和社会的不公平，就是为了抗议资本主义市场经济中"少数人主宰一切，多数人被迫沉默"的现状，就是为了表达对贫富两极分化过分严重现象的强烈不满。

在中国的社会主义市场经济环境下，收入分配不公问题、贫富差距问题也尚未完全解决，但这不同于资本主义市场经济中的两极分化问题。一是社会主义市场经济始终坚持这样一个目的，那就是通过先富带后富，最终达到共同富裕。二是我们时刻保持着清醒的头脑，对社会主义市场经济中出现的贫富差距问题有着深刻的认识，正不断采取各种措施克服和防止差距的拉大。三是社会主义市场经济中，社会在注重效率的同时，也十分注重公平，一旦出现两极分化趋于严重的迹象，政府就会自觉地去调整。四是社会主义制度的性质决定社会主义市场经济的分配原则是"按劳分配为主体"，这就为实现共同富裕奠定了基础，提供了保障。

四、从社会道德角度谈优越性

社会主义市场经济的优势之四是：社会主义市场经济坚持社会道德与市场经济相结合。千百年来，我国对道德的重视度显而易见，古有"以德治天下""以德服人""仁义礼智信"等，今有"社会主义核心价值观"。道德是思想上层建筑的重要组成部分。而在资本主义市场经济中，虽也有资本主义的道德基础，但究其根底，毕竟是以追求利润为生产的主要目的，道德始终排在利益之后。

资本主义市场经济秉承着市场经济的原则，其生产以交换为目的，生产工具绝对的私

有化，崇尚自由竞争，一切以利润最大化为目的。如此一来，在资本主义国家中，出现物资享有的不平等、贫富差距极大等情况。况且，由于受利润所驱使的无法控制的力量主宰了人们的生活，容易加深社会的不安全感，助长人性的贪婪和自私。最终，资本主义市场经济必然使得整个社会将道德抛诸脑后。

不同的是，在社会主义市场经济中，道德作为思想上层建筑的重要组成部分，对经济基础有着较强的反作用。在社会主义国家，一方面不断给人们创造积极向上、合法经营、人人平等的环境；另一方面更是从较高的层面，要把对人的关爱扩充到对生态环境的关爱中去，提倡合理地利用自然资源，倡导可持续发展，实现人与人、人与社会、人与自然的和谐相处。只有这样，才能消除市场经济所带来的众多弊端。

五、从生态文明建设角度谈优越性

社会主义市场经济的优势之五是：社会主义市场经济坚持生态文明建设理念与市场经济相结合。社会主义市场经济的内在要求是，人与自然是生命共同体，我们需牢固树立社会主义生态文明观，不断推进生态文明建设，创建美丽中国。而在资本主义市场经济中，市场经济的盲目性、无序性展露无遗，人与人、人与社会、人与自然之间的和谐也遭到严重破坏。

资本主义市场经济的历史和现状都告诉我们，资本主义自身改变不了市场经济的缺陷，解决不了市场经济所带来的自然和社会问题。资本主义市场经济必然导致其国内生产规模无限扩大、资源消耗过度、环境污染严重、生态破坏等问题的产生。而发达资本主义国家更是在本国出现一系列问题后，转而对发展中国家特别是欠发达国家进攻，占领市场、掠夺资源、输出污染等。

新时代生态文明建设思想体现在社会主义建设的价值追求和发展要求中，对于促进国家的经济发展和社会发展、解决全球生态难题和发展困境具有重要意义。社会主义生态文明观的提出是未来发展的战略基础，有利于解决新时期所面临的一些问题，生态文明建设的推进，能够进一步激发社会主义市场经济制度的内在优势。相比资本主义市场经济，中国特色社会主义市场经济体制实现了生态文明内在超越性与社会主义巨大优越性的结合，彰显了生态文明新要求与社会主义制度的高度契合性。

第四节　生态市场经济

生态市场经济是一种新的经济形态，它要求一切经济活动必须具有生态保护理念，实现经济效益、社会效益协调发展。当前的自由市场经济在解决生态问题方面存在很多失灵，导致来非常严重的人类生存和发展危机。目前，我们已经具备了建立生态市场经济的可能性与现实性，通过思想宣传、制度建设、增强政府的宏观调控和完善市场经济体制等措施，生态市场经济必将由一种趋势发展成为现实。

一、生态市场经济的提出

理论界一般认为"生态市场经济"是由原德国环境部长、现德国总理默克尔于20世纪末提出来的。根据她的解释，德国要建设的"社会生态市场经济"是改变原来传统经济增长与环境之间的敌对关系，以生态平衡为目标，通过技术创新促进环境保护、经济增长与社会公正的良性循环，实现社会公正、生态平衡和经济发展的共赢。这一理论的提出，为解决经济快速增长带来的生态环境恶化问题指出了一条新的解决思路，立刻引起人们的赞同与共鸣。而对那些经济发展相对落后，正在面临以资源换发展，因而正在付出严重环境代价的广大发展中国家来说，生态市场经济的提出意义尤为重大。

我国学者孟宪忠认为，生态市场经济"是指一切经济活动必须具有生态环保性质，既要安全、节能、低耗、无公害、不损害生态环境，不损害人体健康，又要有更多的经济效益，促进经济发展"。生态市场经济不应该仅是一种局部的经济现象，而是一种经济形态，生态市场经济将生态环境的保护和经济的高效率增长紧密联系在一起，符合可持续发展的理念，是对传统的自由市场经济的超越，必将成为21世纪经济发展的新趋势，在一定意义上说也是人类的一场生态革命。

作为一种新的经济形态，生态市场经济区别于传统市场经济的主要特点有：①生态市场经济仍然以市场机制作为运行的基础，并不否认市场经济在资源配置中的地位与作用。理论和实践都已经表明，到目前为止，市场经济仍然是实现资源配置效率最大化的最佳方式。②在追求经济利益最大化的基础上，注重生态环境和生态资源的保护，将生态成本内化。生态成本自身的特点容易让人忽视，一直以来都被当成是外生变量，不考虑在整体成本内，生态市场经济要求将生态成本当成一个决定经济增长质量的内生变量。③追求生态效益与经济效益的和谐统一。生态市场经济概念是随着人类社会的不断发展而产生的追求社会和谐的经济模式，它主要反映了人类与自然之间物质变换过程由矛盾走向和谐的过程。表面上看，随着生产力的发展，人类征服和改造自然的能力不断增强，实际上，不管如何征服和改造自然，最终都要符合自然规律和自然秩序，都要在自然界承受的范围之内，否则就会受到自然界更加疯狂的报复。恩格斯早就说过："我们每走一步都要记住……我们连同我们的肉、血和头脑都是属于自然界和存在于自然之中的""我们不要过分陶醉于我们人类对自然界的胜利，对于每一次这样的胜利，自然界都要对我们进行报复。每一次胜利，在第一步都确实取得了我们预期的效果，但是在第二步和第三步却有了完全不同的、出乎意料的影响，常常把第一次结果又取消了"。

事实上，自然界的报复似乎一直没有停止过，但是人类并没有因此觉醒，原因之一就是没有认识到要将对生态环境的保护根植于每一个人的意识并上升到制度层面，而生态市场经济就是一种融合了人文精神的新制度，它是已经发生脱胎换骨改变的市场经济。

二、传统市场经济在解决生态危机问题上存在失灵问题

当前，人类社会正面临着前所未有的生存与发展危机，这归根到底是人与自然之间的关系正在发生危机。一方面，研究证明，曾经的 SARS、埃博拉、MARS 以及人类顽疾艾滋病的病源都来自动物，在一定程度上，这些烈性传染病与人类对自然界的过渡侵占和破坏有关；另一方面，粮食短缺、臭氧层破坏、肆虐的沙尘暴、主要大城市发生的雾霾、PM2.5、厄尔尼诺现象……所有这些全球性生态灾难表明：人类过多和过于频繁的经济社会活动已经使自然界和人类之间天然的生态屏障出现了大的"黑洞"，自然生态系统的自我调节和再生能力已经非常脆弱，自然生态系统无法自我修复的后果，必然带来人类强加给自然的伤害和负担的后果外溢，并影响人类的生存与发展，出现了人类生产活动的异化现象（反主体性效应）。正如美国生态学家在《封闭的循环》一书中曾尖锐地指出："我们之所以陷入一种环境危机之中，是因为我们借以使用生态圈来生产财富的手段毁灭了生态圈本身。"

生态危机的出现不仅与科学技术、工业化生产方式的发展有关，而且与其所处的经济运行体系及其所体现的经济、社会特征有着密切关系。以需求为导向的传统市场经济带来了物质产品的极大丰富，但是，也正是传统市场经济对物质财富的追求和对技术的迷信，导致了资源的耗竭，生态危机日益加剧，经济的可持续发展受到威胁。更让人绝望的是传统的自由市场经济对生态目标的忽略使之在解决生态问题时是失灵的。

第一，市场经济无法解决外部性问题。所谓外部性，是指经济活动的参与一方对另一方带来收益却得不到补偿或带来损失而不需支付代价。传统的市场经济通过"看不见的手"，将资源配置到最有效率的地方，将生态环境看成是外生变量，在成本的计算上，只考虑可见的经济成本，而对资源耗费和环境破坏等社会成本视而不见，由此造成了严重的外部性。企业的唯一目标是追求经济增长，而在生产过程中对环境破坏带来的生态成本由整个社会承担。市场经济将人类的利益和需要作为经济活动的出发点和落脚点，为了追求经济利益和经济效益，大量的消耗自然资产和生态资本，毁灭生态价值来创造经济价值。市场经济下优胜劣汰的竞争，使企业从自然索取的越多，受自然反控制的可能性越强，最终形成一种异化力量，导致"生态异化"现象。正如有的经济学家所说：中央计划经济崩溃于不让价格表达经济学的真理，自由市场经济则可能崩溃于不让价格表达生态学的真理。

第二，市场经济对生态资源的产权界定存在困难。绝大多数生态资源属于公共物品，像水、海里的鱼、空气等，公共物品在使用上具有非排他性和非竞争性的特点。生态资源的产权界定不清晰，短期内就会导致资源的滥用，造成"公地悲剧"。恩格斯指出"在各个资本家都是为了直接的利润而从事生产和交换的地方，他们首先考虑的只能是最近的最直接的结果"。而具体由谁的使用而造成的危害就很难追溯和界定，也就是说生态危机的

制造主体具有隐性化的特点。生态危机的受害对象亦具有分散化的特点，每个人都会成为生态危机社会后果的承担者，危害的大小却又很难量化。破坏过程具有明显的"波纹效果"，效果是弥散性的，破坏后果的显现带有明显的滞后性。再加上"搭便车"的心理，很少会有人在破坏后果尚未显现又无任何报酬的情况下去追究生态破坏者的责任，缺乏追溯主体，就很难准且及时对环境破坏主体进行定位，即使能够被追溯，被追溯主体的身份很难具体化到个人，即使能够找到危害源而资源使用者和破坏者也同意承担生态成本，那么赔偿数额的计算和赔偿的归属问题又存在很大的困难。

第三，市场经济追求利润增长和物质财富的丰富，信奉技术万能论，致力于建设工业文明。传统的市场经济认为技术可以弥补市场失灵，甚至市场经济的副产品——健康恶化、冲突、生态灾难、严重的不平等，都可以通过技术问题解决。为了满足人们日益膨胀的物质需求，传统市场经济依靠技术进步创造出更大的市场，也产生了越来越多的垃圾。由此，这种技术迷信带来了双重打击：资源的快速枯竭和污染物汇聚带来的破坏加剧，最终会带来科技的"异化"。正如《增长的极限》中所说的"我们并不相信……技术进步或者市场，在没有对可持续性的理解、尊重与承诺的指导和变革条件下，依赖它们自身就能够创造一个可持续的社会"。斯图尔特·尤德尔也说过："我们一直都夸大了技术天才的贡献而低估了自然资源的贡献……我们需要……找回在匆忙改造世界过程中丢失的东西：对极限的意识，对地球资源重要性的意识。"当前发达资本主义经济中，技术迷信甚为盛行，使资本主义陷入"杰文斯悖论"的境地，科学技术的单向性开发与滥用，也强化了大工业生产方式对生态环境的掠夺性开发、破坏和污染，造成生态危机。

第四，市场制度下生态危机的迅速传播性。当今世界，经济运行体制趋于同质，国家间依赖性增强，资本的无限扩张必然会推动市场经济向全球发展，导致经济全球化和世界市场的形成，生产和消费也具有全球性。正像马克思、恩格斯所指出的"资产阶级，由于开拓了世界市场，使一切国家的生产和消费都成为世界性的了"。一方面，发展中国家处于世界市场供应链的最底端，他们通过"资源换发展"的赶超策略，努力缩小与发达国家之间的差距，已经付出了严重的生态代价，从而承担了人类生态危机的主要成本；另一方面，发达国家通过资本和市场的全球扩张，通过对外投资和产业战略转移，以生态殖民主义的方式将生态危机从国内扩张到全球，导致全球性生态危机的产生。发达资本主义国家凭借其科技、经济等方面的竞争优势，掠夺世界资源，以直接或间接的方式向广大的发展中国家输出污染。这不仅使发展中国家的生态环境迅速恶化，导致生态危机的全球扩张，进一步加大了发展中国家的发展压力和代价，迫使这些国家为求得自身生存与发展不得不走"先污染、后治理"的工业化老路来首先解决经济问题，严重影响着发展中国家的可持续发展，加剧了发达国家与发展中国家的经济和环境对立。

三、建立生态市场经济是一种趋势

如果仅仅从短期和经济指标来衡量，生态市场经济相比传统的市场经济是没有优势的，传统市场经济为了追求经济高增长，可以忽略一切其他方面，甚至自然环境与人类的健康。这种"毁灭式"的发展是不能持久的。相对于地球四十几亿年的寿命来说，人类不过在地球上生活了上百万年，在这期间地球遭受到的破坏却越来越严重，这致使全人类都在思考一个问题：地球资源到底还能维持人类多长时间的生存？从可持续发展的角度来说，生态市场经济是对传统市场经济的超越，建立生态市场经济，追求经济发展与生态环境保护的平衡与和谐，不管是从生产力的角度还是从生产关系的角度都是未来发展的趋势，是人类作为高级动物思考自身发展的必然结果。中国作为发展中大国，更应该抓住机会，结合经济发展的现实状况，有步骤、分计划地实现生态市场经济。

第一，转变观念，加大宣传、统一认识，将生态思想渗透到我们的道德观念、生活模式，特别是我们的经济制度的方方面面中去。首先，建立新的"政绩观"，大力提倡"绿色GDP"理念，改变传统国民生产总值的计算方法，在领导考核机制中引入环境污染的一票否决制。其次，建立多元价值体系。如果我们继续坚持单一的经济目标，人类经济活动最终将使自然环境走向崩溃。再次，树立正确的消费观。建立在不断膨胀的物质需求基础上的消费观，注定对生态具有毁灭性。当前，人类的生态意识已经普遍开始觉醒，而中国是传统的农业大国，人与自然生态和谐的思想自古有之，这就为我们建立生态市场经济，普及生态意识打下了很好的基础和前提。在此基础上，顺应科学发展观的要求，建立低碳经济、循环经济、可持续发展观，要求现代人类经济社会活动必须按照生态原则去实现世界系统运行的生态合理性，内在要求经济、科技、文教、政治、社会活动等经济社会发展的全面生态化。生态保护思想本应该是与人类的各类经济活动浑然天成，现在被拿出来单独强调，可见生态危机已经发展到影响人类基本生存的程度。

第二，强调政府在解决环境危机中的重要作用。生态市场经济的一个核心理念就是保护生态环境，这一目标纯粹依靠市场实现有很大困难。一方面，政府将生态资源价格加入产品的生产成本中，在市场交易价格中体现出来。另外，政府负责制定资源损耗和污染排放标准，建立碳交易权的买卖市场，征收生态税，实现"谁污染谁付费"，提高自然资源的开发和利用效率。另一方面，政府负责打破资源密集型产业的垄断地位，调整产业结构。此外，政府应该引导和强制破除技术迷信。当市场的技术原则和生态原则发生尖锐矛盾的时候，我们必须坚持生态合理性优先的原则，即人类经济活动的生态合理性优先于经济与技术的合理性，保证现代经济体系运行在生态上的要求，建立起完整的现代生态经济体系。经济发展战略、经济增长方式、经济体制及运行机制等，都要反映和满足经济运行在生态上的要求，达到经济发展和可持续性的内在统一。

第三，进一步完善社会主义市场经济体制。市场经济体制不是生态危机的"原罪"，建立生态市场经济，不是不能追求物质生产的高效率，只是在物质资料生产过程中对效率的评估必须包含对生态效益的重视。市场经济的组织形式仍然是实现资源最优配置的最佳方式，市场经济并不具备基本制度性质，只是实现资源配置和经济发展的工具，在使用过程中需要不断根据经验来改进与完善，给市场经济注入生态思想，就是对原有市场经济体制进行完善的一种表现。我们批判传统自由市场经济理论不是彻底的否定它，甚至市场的存在有利于破坏生态环境的企业自由退出市场，有利于更好地计算生态成本，有利于快速建立生态补偿机制，我们只是经过生态理念的输入，让它更好地发挥作用，实现更高意义的人类文明。

第四，发挥社会主义的制度优势。传统自由市场经济最大的问题不仅是人与自然之间的关系遭到破坏，人与自然之间关系的基础——人与人之间的关系也遭到了破坏。社会主义以公有制为基础，以实现人的全面发展为基本目标，能够使劳动者建立一种平等的关系。社会主义制度能通过制度变革激励追求自我利益最大化的人们在追求自我利益的过程中保护环境、维护生态健康，毕竟"人的重建将是所有人类努力的终极目标"。让人们通过追求个人利益去维护或促进公共利益，是现代经济学关于制度创新的最根本的办法。在制定制度和改变制度时，要时时遵守生态规律，而不是仅受制于"资本的逻辑"。生态市场经济建设的关键在于限制"资本的逻辑"，服从生态原则的指引。

中国共产党十八届三中全会通过的《中共中央关于全面深化改革若干重大问题的决定》明确指出："建设生态文明，必须建立系统完整的生态文明制度体系，实行最严格的源头保护制度、损害赔偿制度、责任追究制度，完善环境治理和生态修复制度，用制度保护生态环境。"可见，建立生态市场经济与建立社会主义生态文明的指导思想是一致的，建立生态市场经济是顺应历史趋势做出的正确选择。

生态市场经济只是一个新概念，是对长久以来的生态理念的重新表达和觉醒，对中国这样一个市场经济体制建设还是进行时的国家来说，我们与发达国家无论在起点还是在实力上都存在较大差距，这需要我们付出更多的努力。我们有理由相信，作为拥有先进的道德文化意识和科学发展理念，独特的经济发展体制的社会主义国家，在生态市场经济建设道路上会走得更快、更成功，也体现了中国的大国担当。

同时，需要引起我们注意的一点是：生态市场经济并不意味着经济的"零增长"或者增长降低。有人认为建立生态市场经济对发展中国家来说，会失去追赶发达国家的机会。事实上，当前的物质资料生产已经远远超过人类的需要被满足的程度，大量的资源被消耗在满足人类无穷尽的欲望上。是时候将目标从无休止的增长转而更注重公平，毕竟人类的终极目标是幸福。公平比增长但两极分化更符合这一目标。

总之，建立生态市场经济改变不了中国经济高速增长的态势，但能够改变中国经济增长和整个现代化建设的发展关系及其经济运行轨迹，改变我们的经济增长方式，通过文化、技术和制度上的重大、前瞻性和社会性的创新来避免资源浪费。

第五节　市场经济促进科学技术发展

市场经济是推动科学技术生产应用及其发展的主要影响因素，市场经济促进了科学社会建制的形成和发展，市场经济促进了科学技术在生产中的应用并获得发展。在新时代，探究市场经济促进科学技术发展的现实意义在于：我国经济转向高质量发展阶段，必须完善社会主义市场经济体制，使科学技术成为推动我国经济社会发展的第一生产力。

在社会有机体内对市场经济与科学技术发展的历史考察表明，市场经济与科学技术二者之间存在互动发展的逻辑关系。但市场经济与科学技术的互动发展并非简单的线性关系，而是以工业化为"中介"复杂的非线性关系。从历史的角度考察，市场经济促进科学技术发展的历史逻辑主线是工业化。工业化是科学技术应用于生产过程的生产力的革命过程，是机器大工业生产占据主导地位的确立和发展过程。工业化在本质上是科学技术与市场经济的社会生产结合在一起的历史过程。工业化为科学技术与市场经济的发展提供了条件和物质技术基础。工业化启动和展开的过程不仅是市场经济的形成和发展过程，也是市场经济促进科学技术发展的过程。

一、市场经济是推动科学技术生产应用及发展的主要影响因素

从历史上看，生产社会化水平的根本性提高在工业化过程中。而市场经济正是适应社会化大生产要求产生的经济形式，是与生产社会化相适应的生产力组织形式，其本身也是生产社会性的实现形式。从科学技术的发展史来看，尽管科学技术有其内在的自身发展规律和其他诸多影响因素如政治、教育和军事等，但近现代科学技术的发展，市场经济是推动科学技术生产应用及发展的主要影响因素。

（一）市场经济促进了工业化的启动与展开

从社会现象上来看，市场经济不仅为工业化提供了前提条件，促进了工业化的启动与展开，而且促进了科学技术在生产中的应用和发展，使科学技术转化为现实生产力。工业化作为生产力的革命过程，是科学技术应用于生产过程的机器大工业生产占据主导地位的确立和发展过程。18世纪60年代，英国首先发生以蒸汽机广泛应用于生产过程的工业革命，其直接原因就是市场需求的推动。正如马克思所指出的，当贸易在英国已发展到手工劳动不再能满足市场需要的时候，于是人们便想到了应用18世纪已充分发展的机械学。市场需求的扩大以及由此引致的竞争机制作用促使工场手工业的瓦解和机器的普遍使用，这一过程即工业化的启动与展开过程，从而工场手工业向机器大工业生产方式过渡。因此，正是市场机制导致了资本对科学技术的需要，使劳动资料发生革命从而促进了工业革命的发生，科学技术也以此获得在生产中的应用和发展。

（二）市场需求是科学技术发展的前提条件和主要驱动力量

在市场经济条件下，生产需求是一种市场需求，而生产的发展又刺激了市场需求的扩大，从而激励和引领生产技术的进一步发展。因此，市场需求是推动科学技术发展的前提条件。科学技术只有在一定的市场需求转化为工业生产的应用中才能获得强大和持久的发展动力。在马克思的视域中，机器在生产应用中直观地体现和实现了科学技术的发展，而市场需求是科学技术的发展的前提条件和主要驱动力量。如马克思在批判蒲鲁东时特别指出："蒲鲁东先生由于不懂得机器产生的历史，就更不懂得机器发展的历史，可以说……消费的需求一般说来比生产增长得快，机器的发展是市场需求的必然结果。"美国科学社会学家罗伯特·金·默顿受马克思主义的影响，他也认为："经济发展所提出的工业技术要求对于科学活动的方向具有虽然不是唯一的，也是强有力的影响。"对于市场经济与现代科学技术的关系，科学社会学家罗森堡明确地说："基本的、进化的科学技术知识基础与市场需求的结构两者一道，在创新中以一种相互作用的方式起核心作用。"

（三）机器大工业生产方式为科学技术的发展提供了物质基础

在马克思看来，科学只是知识形态的一般生产力，科学只有应用于生产才能转化为现实生产力，才能在生产中获得发展。因此，恩格斯断言："科学的发生和发展一开始是由生产决定的。"显然，恩格斯强调生产组织中生产者的主观能动性对科学技术发展的决定作用。以此而论，当代"生产者主权"论从生产者主体解释科学技术的创新发展有其合理之处。马克思明确地指出："科学直接在生产上的应用本身将成为对科学有决定性的和推动作用的要素。"马克思的科学技术观是将科学技术置于社会历史的时代背景中，从实践出发理解科学技术的本质，即每一个时代只能产生适合那个时代逻辑的生产力发展水平和性质的科学技术，科学技术只有在实践中才能获得发展。

在历史上，科学技术的最初发展在工场手工业时期，在工场手工业发展的后期，市场需求的扩大使单个机器应用于生产过程，这无疑促进了当时代科学的研究和发展。马克思认为"机器在十七世纪的间或应用是极其重要的，因为它为当时的大数学家创立现代力学提供了实际的支点和刺激"。机器大工业所要求的科学技术最初就是在工场手工业中发展起来的。但工场手工业对科学技术发展的推动作用有限，其限制就在于工场手工业的生产方式。"只有资本主义生产方式才第一次使自然科学为直接的生产过程服务，同时，生产的发展反过来又为从理论上征服自然提供了手段。"资本主义生产方式的典型形式是机器大工业生产方式，机器大工业生产方式为科学技术的应用和发展提供了物质基础。马克思阐明了科学技术在工业生产应用基础上的发展。马克思说："自然科学本身（自然科学是一切知识的基础）的发展，也像与生产过程有关的一切知识的发展一样，它本身仍然是在资本主义生产的基础上进行的，这种资本主义生产第一次在相当大的程度上为自然科学创造了进行研究、观察、实验的物质手段。……因此，随着资本主义生产的扩展，科学因素第一次被有意识地和广泛地加以发展、应用，并体现在生活中，其规模是以往的时代根本想象不到的。"马克思进一步阐明"科学作为应用于生产的科学同时就和直接的劳动相分离",这使科学活动具有相对的独立性。与之相应,从事科学技术工作成了专门的职业。"由于自然科学被资本用作致富手段,从而科学本身也成为那些发展科学的人的致富手段,所以,搞科学的人为了探索科学的实际应用而互相竞争。此外,发明成了一种特殊的职业。"科学技术与直接劳动的分离是科学技术发展史上的历史性转折,这既有利于科学技术活动的专业化和社会化,又有利于科学社会建制在社会有机体内的发展,从而促进科学技术的发展。

二、市场经济对科学技术发展的主要作用有下述几点

(一)市场经济促进了科学社会建制的形成和发展

科学的建制化是科学技术在社会有机体内持续发展的重要条件之一。市场经济促进科学社会建制的作用主要表现为:首先,科学研究职业化。科学研究的职业化表明科学活动已成为一种独立的社会活动。19世纪中期从事科学技术研究的"科学家"成了一种特殊的职业。其次,科学活动组织化。适应于工业生产社会化对科学技术的需要,各种科学研究的团体和组织应运而生,并逐步将科学界联系为一个共同体。最后,科学研究投入社会化。科学技术在生产中的应用,科学技术生产力价值彰显,科学技术研究成为企业、金融机构甚至政府投资的对象。到19世纪末,近代科学建制化进程已在近代西欧国家完成。随着市场经济的发展,科学社会化的市场导向态势愈加强烈。到20世纪中期科学成了高度建制化的行业,科学建制进入"大科学"时代。科学社会学家齐曼将这一变化称为"一场悄然的革命",革命的典型标志就是后学院科学的出现。齐曼认为现代科学已从学院时代走向后学院时代,后学院时代的效用化特征是使科学建制革命性变化的主要特征。所谓效用化指称科学通过技术应用越来越被人们当作有用的工具。齐曼明确地指出后院科学是根据市场原则来组织的,因而"科学……被强行征用为整个经济创造财富的技术科学的发动机"。

(二)市场经济促进了科学技术在生产中的应用

市场经济为科学技术的生产应用提供了条件。马克思认为,科学技术发展的水平、科学技术在工艺上应用的程度、生产过程的社会结合和生产的规模等条件是科学技术在生产中应用转化为现实生产力的条件。市场经济是与生产社会化相适应的生产力组织形式,市场经济运行机制也是生产社会性的实现形式。因而市场经济为推进科学技术在生产中的应用提供了相关条件,从而也构成了科学技术发展的条件。

市场经济对科学技术生产应用的促进作用在于市场经济价值,即市场经济的生产力价值和功利性价值。市场经济本身具有功利性价值,市场经济的生产力属性决定了其承载的生产力价值。市场经济是适合生产社会化要求的生产力组织形式,市场经济的市场机制如竞争机制、价格机制、供给需求机制等将生产力要素进行优化配置,克服了特定资源的相

对稀缺性和资源的普遍有限性,市场主体利益能在既定资源条件下达到最大化。在历史上,英国率先发动工业革命和启动工业化,市场经济也最先在英国产生和发展,从而市场经济促进了科学技术在生产中的应用。正如马克思所指出的:"十八世纪,数学、力学、化学领域的发现和进步,无论在法国、瑞典、德国,几乎都达到了和英国同样的程度。发明也是如此……在当时他们的资本主义应用却只发生在英国,因为只有那里,经济关系才发展到使资本有可能利用科学进步的程度。"首先,科学技术的生产应用直接与新兴的资产阶级在资产阶级革命后的崛起相关。因为历史表明,对于以产业资本面目出现的新兴资产阶级来说,应用科学技术的动机和目的与直接的生产过程相联系。科学技术的主要社会价值是科学技术生产应用的生产力价值以及功利性价值,"于是科学便插手进来了"。从科学技术转化为现实生产力的动力机制来看,资本是资本家的人格化,市场经济价值反映了资本家的价值观,科学技术生产应用的生产力价值和功利性价值使科学技术成了资本的力量,科学技术是资本"技术理性"的表现。因此,科学技术与市场经济价值的契合,资本家对科学技术的需要就转化为市场经济对科学技术生产应用的促进作用。正如马克思所说:"生产过程成了科学的应用,而科学反过来成了生产过程的因素即所谓职能。……科学获得的使命是:成为生产财富的手段,成为致富的手段。"

（三）市场经济促进了科学技术的发展

市场经济促进了科学技术的生产应用,科学技术转化为现实生产力推进了工业化的展开。工业化使机器大工业生产社会化水平得以根本性的提高,从而科学技术在工业化中获得发展。一方面,工业化大规模生产为科学技术的生产应用提供了物质基础,科学技术转化为现实生产力使科学技术的进一步发展获得资本的推动力。另一方面,工业化大规模生产中对科学技术的需要使资本有能力提供科学技术研究所需的基础和条件,这必然导致科学技术的发展。工业化大规模生产的进一步扩张是以资本积累的方式进行的,资本积累从现象上看既是生产规模扩张的过程,也是工业化的展开过程。资本积累的过程也是科学技术不断发展的过程。马克思对资本积累进程的分析表明,剩余价值生产规律和市场竞争机制的主导作用使资本主义再生产特征变为扩大再生产。扩大再生产进一步加强了资本对科学技术在生产应用上的需要,而这种需要也进一步促进了新的科学技术的发展。具体而言,科学技术在18世纪工业生产中的发展特征主要是技术在生产中应用引致科学的发展,科学与技术相互作用的特点是单向的,是生产影响技术,技术引致科学发展。因此,工业生产中技术的需要推动了当时期科学的发展,如数学、力学、化学等。同时,科学也在一定程度上和范围内促进了技术的发展,如化学的发展就影响了印染和冶金技术的发展。正如恩格斯在回答博尔乌斯基时所说:"技术在很大程度上依赖于科学的状况,那么科学状况却在更大的程度上依赖于技术的状况和需要。社会一旦有技术上的需要,则这种需要就会比十所大学更能把科学推向前进。"

历史的进程已昭示,机器大工业生产占据主导地位的确立和发展的过程是工业化启动与展开的过程，即是市场经济促进了科学技术的发展过程。18世纪发生的第一次工业革命使彼此分离的科学、技术开始并入生产过程中。19世纪中叶后的第二次技术革命使工业深化，社会分工和生产社会化进一步发展，科学、技术改变了各自独立的发展状况，科学技术一体化的趋势日益彰显。市场经济促进现代科学技术发展的突出表现是20世纪中期新技术革命中科学技术经济一体化，高新技术及其产业化完全是以市场经济为导向的。

从马克思主义历史唯物史观来看，科学技术与市场经济的生产力价值构成了人类社会经济发展的两大重要因素。因此，中国特色社会主义初级阶段的社会经济发展必须同时注重发展科学技术与市场经济，片面倚重或忽视发展科学技术或市场经济是与其历史发展不相符的。从我国科学技术的发展来看，尽管新中国成立以来的科学技术取得了长足的进步，但与发达国家相比较，我国的科学技术体制（建制）以及科学技术的发展仍然任重道远。所谓"李约瑟问题"仍然是一直困扰我们并难以释怀的难题。"汤前现象"所揭示的科学中心仍然没有转移到中国。从市场经济的发展而言，由于我国工业化过程与市场经济的发展不同步，并且工业化仍处于中高级阶段，我国还没有建立起完善的现代市场经济体制，科学技术与市场经济的良性互动与发展机制亟待改革完善。在中国特色社会主义新时代，探究市场经济促进科学技术发展的现实意义在于：由于我国的经济发展进入新常态，我国经济转向高质量发展阶段，必须完善社会主义市场经济体制，以市场经济体制和机制的深化改革，联动改革科学技术的体制和机制，使科学技术成为推动我国经济社会发展的第一生产力。

第六节　市场经济发展与法制建设

市场和法治是当前我国社会发展中的两个重点要素，而在市场经济发展过程中，法制建设无疑起着非常重要的作用。随着我国经济发展速度的不断提升以及市场经济改革工作的不断推进，市场经济发展中面临的各项问题也不断增多，而法制建设是解决这些问题的一个重要手段。本节将阐述法制建设在市场经济发展中的重要性，分析市场经济发展与法制建设之间的关系，最后探索市场经济与法制建设协调发展的路径。

一、法制建设在市场经济发展中的重要性

法制建设在市场经济发展中具有非常重要的作用，只有提高对法制建设工作的重视，才能更好地推动法制建设工作的快速发展，并以此为基础促进我国市场经济的快速发展。

（一）保证市场经济中各个主体的自主性

市场经济的快速发展离不开市场当中的各个经济主体，而市场经济的主体类型非常多，包括国有企业、私有企业、个人等，从理论上讲各个经济主体都应当具有独立的产权，并

且能够在法律规定的范围内自主控制自身的经营行为，这其实就是市场经济主体自主性的表现，而市场中各经济主体的自主性必须依靠一定的法律制度才能获得保障。比如，通过相关的法律制度保证其自主经营情况不会受各种外界因素的干扰，同时通过相关法律制度可以明确其经济产权以及相关资格，为其自主行使相关权利提供法律支持。由此可见，完善的法律法规是保证市场经济中各个主体自主性的一种重要手段，法制建设工作在市场经济发展过程中有着不可或缺的作用。

（二）保证宏观调控政策的顺利实施

市场经济在发展过程中会进行自主调控，但是由于市场本身存在缺陷，其调控能力并不足以保证整个市场的长期稳定发展，因此在社会主义市场经济体制下，除了市场的自主调控外，国家还会通过相应的宏观调控政策来推动市场经济的顺利发展。而宏观调控政策的顺利实施需要相关法律法规的支持，随着市场发展形势的改变，国家出台的各种宏观调控政策也在逐渐改变，这就需要相应的法制建设工作持续跟进才能保证相关法律法规在宏观调控中持续发挥作用，由此可见法制建设在市场经济发展过程中是非常重要的。

（三）保证市场经济的开放性

当前，我国的市场经济体制具有非常明显的开放性，这种开放性的市场经济体制能够有效减少边界封锁、部门分割和非关税贸易壁垒等情况的出现，从而让市场中的各个主体都能公平公正的进行交易。市场的开放性不仅体现在对国内的开放上，在经济全球化时代，随着我国市场经济改革工作的不断推进，对国外的开放化程度也在逐渐提高，大量的外资企业、跨国企业开始进入我国市场。市场开放性的提升，使得市场主体的数量不断上升，同样的市场上的竞争激烈程度也在不断提升，在这一背景下，部分经济主体为了保证自身的利益有可能使用一些不正当的竞争手段，而且随着市场形势的不断改变，这些不正当竞争手段也在不断创新中，针对这一情况，国家需要出台相应的法律法规对一些违反市场规则的行为进行管理，并且对市场各主体的行为进行规范，这样才能保证市场经济的长期健康发展，因此法制建设是保证市场经济顺利发展的一种重要手段。

（四）有利于加速完善社会主义市场经济体制

在市场经济发展的过程中，不仅涉及各种市场经济主体，同时还涉及政府工作部门、社会机构等，在这种纷繁复杂的市场关系下，部分企业或个人等市场主体为了获得利益，对他人的利益造成侵害，或者通过行贿、盗窃商业机密等方式来赢得市场竞争的胜利，不仅扰乱了市场环境，而且影响了社会的和谐稳定，因此必须通过完善的法律法规对这些行为进行规范，这样才能保证市场的公平公正，促进市场的健康发展。完善的法律法规可以为各市场主体创造一个和谐的市场环境，激励更多主体参与到市场中，并且积极发挥创新创业精神，在各个市场主体、政府部门和其他相关社会机构的协同合作下，共同促进社会主义市场经济体制的完善。

二、市场经济发展与法制建设的关系

（一）法制建设是保证市场经济健康发展的内在要求

当前我国实行的社会主义市场经济体制是一种适应我国社会经济发展情况，并且经过多年发展验证的合理的经济体制，其通过宏观调控、价格干预等手段来保证市场的稳定性，从而促进社会主义市场的健康发展。社会主义市场经济发展的本质是为了让人民获得更大的利益，这同时也是当前国家推进经济发展的主要目的，由此可见社会主义市场经济体制是一种民主的经济制度，法制建设是保证市场经济健康发展的内在要求。市场经济的发展有其自身独特的规律，如货币流动、产品价格变动等，而专家通过对这些规律和特点进行研究分析，可以制定出符合多数人民利益的规定，而这些规定就是我们所说的法律法规。市场经济的实质仍旧是商品经济，而在商品交换的过程中必须依靠法律规定来保证其公平性，因此法制建设是市场经济发展过程中必不可少的工作。

（二）法制建设是市场经济发展的前提条件

法制建设是市场经济发展的前提条件。如果没有相关的法律法规对市场各主体进行合理约束，市场经济的秩序将会处于混乱状态，市场垄断、行政经济等现象将会频繁发生，市场竞争的公平性无法获得保障。在这种状态下，一些实力较弱的企业或个人将难以生存，多数人民的利益也将无法得到保障，社会的和谐稳定也会受到很大影响。因此，没有法律约束的市场是不完善的，法制建设是市场经济发展的前提条件。另外，市场经济发展促进法制建设工作的开展，为了保证法律法规能够与市场发展形势相适应，相关部门必须保证法制建设与市场经济发展的同步性。

（三）市场经济与法制建设相辅相成

在市场经济发展过程中，利用法制建设来维持市场的公平公正性，是促进现代经济体系逐渐完善的关键路径。我国的市场经济发展和法制建设的历程充分证明，市场经济发展和法制建设之间存在着不可分割的关系，只有在坚持法制建设的基础上才能保证市场经济获得长期稳定的发展。为了保证市场经济法治化发展进程，相关部门出台了大量的法律法规和指导性文件，为我国的大小企业创造了良好的市场环境，促进了我国市场经济的快速发展。当前，随着我国市场经济体制改革的不断开展，市场环境发生了进一步的改变，同时随着互联网商业等新型商业模式的出现，当前的法律法规已经无法完全适应市场经济的发展形势，因此加快相关法律法规的建设，促进市场经济发展和法制建设的同步性已经成为当前社会重点关注的问题。总之，法制建设与市场经济发展之间有着非常密切的关系，二者相辅相成、不可分割。

三、市场经济与法制建设协调发展路径探索

如何保证市场经济与法制建设的协调发展，是当前应当重点研究的问题。党的十九大描绘了新时代发展的宏伟蓝图，市场经济的健康发展无疑是保证这一宏伟蓝图能够实现的必然要求，而市场经济与法制建设的协调发展又是保证市场经济健康发展的前提条件，因此本节对市场经济与法制建设的协调发展路径进行了探索。

（一）坚持社会主义法治理念

在法制建设和市场经济协调发展的过程中，应当始终坚持社会主义法治理念，以人民利益为主，通过推动法制建设的顺利开展来为人民营造一个风清气正、公平正义、法治有序的市场环境。首先，应当遵循依法、平等、全面保护的司法理念，在法制建设过程中应当充分考虑各类市场主体的利益，保证其市场地位、权利以及发展机会的平等。其次，应当通过法制建设来推动诚实信用的市场交易秩序的构建，对市场交易中的各种不诚信行为通过合理的法律法规对其进行约束、惩处。

（二）坚持以问题为导向

在法制建设的过程中必须坚持以问题为导向，这样才能保证市场经济发展与法制建设的协调性。法律规定的一大作用就是通过对市场各主体、政府工作人员以及社会机构等相关组织或人员的约束来防范、解决市场经济发展中的各项问题，因此在市场经济发展的过程中必须保证法制建设能够坚持以问题为导向，这样才能有针对性地通过法律法规的逐步完善解决市场经济发展中的诸多问题。但是，在以问题为导向推动市场经济法制建设的过程中应当遵守以下原则。首先，不能为了服务经济发展而损害人民的利益，这是整个社会主义法制建设过程中都应当遵守的原则。其次，相关部门在执法过程中不能以服务大局为名义，对部分企业进行地方保护，这样不利于维持市场的公平发展，同时也不利于社会的和谐稳定。

（三）保证相关法律法规的顺利落实

法制建设除了要不断完善相关的法律法规外，还应当保证这些法规的顺利落实，完善的法律法规只有经过有力的执行才能发挥其效力。然而在市场经济发展的过程中，虽然相关的法律法规也在逐渐完善，但是这些新增法律法规的落实情况却不尽如人意，这也是市场经济法治化进程中必须解决的一项问题。针对这一问题，首先，应当强化市场经济各主体的法制观念，在此基础上他们才能在开展各种经济活动时优先考虑自己的行为是否合法，并且主动按照法律规定来约束自己，从而保证市场经济发展的有序进行。同时，当前我国市场经济的发展正面临着剧烈的转型，可持续发展已经成为当前发展的主题，因此市场经济各主体必须共同努力通过资源的优化配置来实现这一目的，而强化法制观念是保证这一工作能够顺利实现的前提。

其次，国家应当建立完善的监督查控系统，对各地区的执法情况进行及时有效的监督查控，这样不但能够保证相关法律法规的顺利落实，还能增加人民对政府的信任度，从而促进和谐社会的建设工作。另外，在对执法情况进行监督的过程中，还应当充分发挥社会大众的力量，畅通人民的发言渠道，让全社会都能参与到这项工作中。

综上所述，法制建设在市场经济发展过程中起着非常重要的作用，它能够促进市场经济的长期健康发展。而且市场经济发展和法制建设之间有着非常密切的关系，二者之间是相互促进的。为了促进法制建设和市场经济发展的协调性，相关部门应当在坚持社会主义法治理念、坚持以问题为导向的基础上，不断完善相关的法律法规，并且保证其能够顺利落实，从而促进我国市场经济发展和法制建设的双重进步。

第二章　市场经济与城市管理

第一节　城市管理面临的困境

随着社会的快速发展，我国的城市建设也进入了发展的快车道，但在城市管理中，还仍然面临很多现实问题，牵扯和制约着城市的建设，本节对城市管理面临的现实困境进行分析，并提出粗浅的几点建议，为城市化发展带来一些参考。

当前，城市管理问题一直是人们普遍关心的重点问题，而网络化信息化的社会里，每一个城市管理中的细小问题都会被放大引起全社会关注，解决好城市管理中出现的现实问题，对于推进城市化发展和促进和谐社会发展，有着非常重要的实践意义。

一、城市管理面临的现实困境

（一）制度设置存在缺陷

从当前制度情况来看，很多城市的城市管理职能并没有完全统一，一些地方将这些部门称为城市管理行政执法局，还有的叫综合行政执法局，甚至有的叫城市管理委员会，不管其称呼怎么变化，其主要的关键点都是在城市、管理和执法方面，在实践过程中会发现，管理和执法这两种智能并不能真正整合，是一直无法实现兼容的，传统思想里还存在很多官本位思想，导致将这二者真正进行融合还需要一定的时间。城市管理从本质上来说，主要还是协调工作，但是其协调的主要对象并不是简单的个人或组织，而是整个城市的政治、物理和经济空间所带来的相关利益的全部行为，更多地强调的是服务。而城市执法从本质上来说，是一个执行法律的机构，其具有强制性和规范性特点，因此，当城市执法和城市管理融合在一起时，必然会出现由于制度的不协调而出现各种问题。

（二）城市管理与城市执法内容难以融合

当前，很多城市的管理执法局工作任务存在着比较明显的差异，其主要是在城市管理方面发挥其行政处罚权，其面对的都是从各个职能部门分解出来的管理问题，如果处理不好，极易引发社会性群体事件，所以强制执行能力略显不足，虽然国家有相关规定，对城市管理的执法人员赋予了一定的权力。虽然国家相关法律对行政执法人员赋予了一定的强制权力，但是更多的是对其约束执行提出了更多的要求。因此，城市执法在推动城市管理建设方面还存在一定的问题，并不能做到和城市管理有效兼容。

（三）城市管理的观念存在差异性

城市管理执法人员通常是公务员编制或事业编制参公管理，这两种身份都被百姓认定为国家工作人员，因此，执法人员在进行城市管理时，思想深处认为，依照法律法规进行相应的管理，并且做到有法必依、违法必究，增加了执法的严格性，而文明执法的概念，在他们的脑海中还相对较为模糊。而在具体实践中，由于网络和新闻媒体中夸大的对城市管理中的极个别反面现象进行报道，使得人们认为城市管理的对象主要就是那些存在深层困境的弱势群体，由于这类人群思想也存在模糊认识，他们错误地认为，只是凭自己的力气去生活，不影响城市建设，却为什么变成了城市管理的对象，导致与城市管理的主体矛盾更加突出。

二、推进城市管理现代化的几点建议

（一）全面推行管理主体大众化

管理主体大众化，主要是城市管理主体应该将重心往下移，面向更多的大众，把城市管理的正常工作与城市中最基层的社区进行有机融合，赋予社区或者个体居民相应的城市管理工作，使城市管理有相应的群众基础，不再将城市管理的焦点落在执法主体上，并进一步落实管理主体的大众化，避免多元化。在城市管理中，应该是更多地强调，横向的没有彼此存在隶属关系的联合，而不是垂直的多层管理体制。这是因为城市管理更多的要强调自我服务和约束管理，它是一种自上而下的多层次和全维度的覆盖式管理追求，其最终追求的目标是，城市管理的对象是每一个人，而每一个人又都是城市管理的主体，形成一个良好的齐抓共管局面。

（二）加深群众认同，提升城市管理绩效

当前，我国存在的一个普遍现象，就是城市管理的主体得不到群众的认可，群众基础较差，这是由于很多百姓，对于城市管理主体机构的工作内容不清晰，工作规范不了解，内心产生认同的特别少。一旦出现城管问题的纠纷，老百姓都会自觉地站在城市管理主体的对立面，对城市管理的执法行为进行干扰。因此，笔者建议，可以采取城市管理体验式执法活动，让更多的百姓参与到城市管理主体执法过程中，了解城市管理工作的具体内容，当群众从一个旁观人员到真正成为参与的主体人员时，他们才能深切地感知城市执法人员遇到的困境和工作的艰辛，通过亲身体验加深百姓对城市管理的认同。特别是当前已经进入信息化网络时代，可以通过电子模式、数字模式邀请百姓参与到城市管理的建设过程中，强化他们的监督职能，以提升城市管理的绩效。

（三）推崇多方合作，共同参与城市管理

城市管理是一个综合性较强的工程，因此可以推崇多方合作，以城市管理执法机构为龙头，指导帮助建立各种群众性的组织，共同参与城市管理，可以是"城市管理志愿者协会""城市管理便民小组""城市管理社区合作单位"，等等。这里的主要思路就是在不涉及改变现有体制的前提下，通过城管局牵头，经由经费补贴、工作指导等方式组织、联合辖区内的社区组织、社会组织、民间积极分子和有影响力的个体，构建大众化、全覆盖的城市管理民众主体网络，优化城市管理环境，夯实群众基础，实现城市管理现代化的目标。

经由城市管理重心外移管道实现城市管理效益的提升，是目前我国城市管理走向现代化的突破口。它不仅可以破解"城管"面临的一系列困局，化解与行政相对人之间的矛盾和冲突，还可以通过邀请群众参与、多方合作等方式，共同参与到城市管理的具体工作中，尽力消除群众对城市管理的各种误解，通过广泛参与和制度牵引，推动城市科学发展、和谐发展。

第二节　数字化城市管理

随着信息化时代的到来，各项信息技术的普及在一定程度上促进了城市发展。促进数字化城市建设，是当今时代城市管理发展的重要趋势，具有良好的发展前景。但是由于数字化在我国的起步时间较晚，所以需要在应用过程中不断发展与完善，加强对相关问题的探讨，促进数字化城市发展。例如，通过加快数字化城市管理进程，应用网格技术，发挥数字化的应用价值，实现城市管理的现代化发展。

数字化技术的应用和推广是当前城市管理以及社会建设的重要任务，有利于国家的整体发展，提高国家科技水平和经济效益，对我国的经济发展具有重要意义。因此，建立数字化城市管理体系，落实服务体系建设工作，是当前城市管理发展的重要战略问题，是加速信息化发展的必然要求。数字化管理指通过计算机人工智能以及通信网络等先进的技术，对相关管理对象进行协调、指挥、组织、计划以及创新等职能活动，实现有效管理。而数字化应用于城市管理中，可以在网络技术的前提下，实现城市管理的相关活动，如自然资源、信息资源以及财富数字化等。利用量化管理技术，解决城市管理问题，实现管理的可计算性，提高城市管理的有效性。

一、加快信息基础设施建设，实现资源共享

加快信息基础设施建设是数字化城市管理的重要任务，可以促进基础设施的完善。在建设数字化城市的过程中，要实现资源共享，加快信息基础设施建设的步伐，需要根据国家的统一规划要求，立足于本地城市经济发展状况，建设规模适当、结构合理以及宽带高

速的数字化城市管理环境。首先，扩展城市中信息基础设施的建设应用规模、丰富空间信息资源，为数字化城市建设提供基础条件，实现数字化城市能源运转。加快城市空间信息基础设施建设，制定规范的地理空间信息标准，并建立健全信息与地理空间交换的网络体系，加强对城市地理空间信息系统和遥感对地观测，与各项信息资源建立网络互通、互联模式，促进信息资源的整合和利用，实现空间信息共享功能。其次，加快信息基础设施建设，实现资源共享，需要建设高速的基础网络。通过先进的技术，促进通信网络升级和改造，满足社会经济发展的需求，为社会信息化建设提供基础设施平台，即公共应用平台、公共数据库交换中心、互通网关等系统。与此同时，建立数据库体系，实现网络的宽带化、智能化发展。此外，还要对城市信息基础设施建设进行统筹规划，促进工作落实，加快城市信息基础设施建设的步伐，在实现干线路网建设的基础上，推进广播电视网、电信网与互联网融合，以保障数字化城市管理资源共享功能的实现。

二、数字化城市管理举例——数字化城市交通

在数字化城市管理中，城市交通应用广泛，为数字化城市交通发展提供了条件，在一定程度上促进了城市交通的发展。数字化在城市交通的应用主要体现为虚拟现实技术的应用，通过其显著的技术特点为城市交通提供更加优良的界面设计，使各项信息更加具体、形象，可以使人们更好地观赏自然景观，了解各项路况信息，具有身临其境的感觉，增加真实感、立体感。目前，数字化城市交通推出了虚拟现实语言 VR ML，推动了虚拟现实技术的发展，为数字化城市交通的发展奠定了技术基础。但是由于 VR ML 虚拟现实技术起步时间晚，在城市交通的应用时间较短，仍存在大量问题，需要不断研究和开发，促进其更好地应用于城市管理中，解决现存问题，为用户提供更好的视觉感受；使用户更好地掌握城市交通路况信息，促进数字化城市交通发展。

在数字化城市交通发展过程中，通过挖掘数据，应用和设计空间数据库，可以有效地促进数字化城市交通发展，对推动数字化城市交通建设具有重要影响。城市化的推进以及现代信息技术的进步，推动了城市交通事业的发展，使数据规模越来越大，一定程度上加大了城市交通管理难度，所以在数字化交通中利用数字技术的优势非常必要。例如，通过数据挖掘技术，可以分析数字化城市交通相关数据的规律。但是在没有实体知识的前提下，运用数据挖掘技术将难以识别数据中蕴含的规律，导致数据挖掘工作存在局限性。与此同时，专家系统不能突破人机交互过程，实现知识获取和知识表达，且该系统存在理论与技术问题，如算法简化以及大量数据统计等。目前，数字化城市交通发展过程中存在安全性问题，需要优化安全机制。计算机信息系统具有两面性的特点，一定程度上可以加快信息处理和传播速度，但也使数字化城市交通安全问题更加显著。数字化城市交通的主要安全机制包括逻辑安全和物理安全：逻辑安全主要指信息的可控性、保密性、可用性以及完整性等；物理安全指保护信息基础设施的安全等；相关单位需要辩证地对待计算机信息系统，

趋利避害，提高信息系统应用的安全性，提高数字化技术在城市交通中的应用价值。

三、网格技术加快数字化城市进程

网格技术在数字化城市的管理中应用广泛，可以加快数字化城市的进程。在信息时代的高速发展下，随着网络技术的普及，我国建立了各项网络应用平台，有效推进了数字化城市建设，促进了各项资源的综合利用，实现了资源的有效分配，对数字化城市建设和发展具有重要意义。网格技术是在多种信息技术的基础上衍生的，可以通过不同的操作系统和应用程序，实现信息的海量化存储，为用户带来便利，更好地管理网络信息和资源，减轻工作负荷，优化信息管理环节和机构，促进网络技术发展。利用网格技术，旨在实现网格的统一化管理，促进资源整合，统一计算资源、数据资源、存储资源，促进资源全面共享，是实现资源共享的技术保障，对数字化城市的发展具有重要的作用。

四、数字化城市管理系统的构成

（一）无线数据采集子系统

无线数据采集系统是数字化城市管理系统的重要组成部分，可以应用于城市信息管理工作中，保证监督员在单元网格内有效巡查，促进管理工作完成。无线数据采集子系统主要利用移动设备，即中国移动的 GPRS 数据传输系统，采用事件分类编码体系、地理编码体系以及城市部件等实现城市管理文本、文字、信息和图像传递，促进数字化城市的有效管理。

（二）协同工作子系统

协同工作子系统是在 Server 构架的基础上，通过 Web 和 GIS 技术，借助浏览器实现对城市管理各项目的办理和信息查询功能。协同工作子系统主要应用于监督中心、指挥中心等各个专业部门中，可以促进数字化城市管理中的工作处理、监察督办以及协同管理等，促进城市中各项信息的整合，实现资源共享；有利于查询资源，通过不同的地理编码信息和监督信息，借助其功能的特殊性，促进办公协同和信息同步、交换；在一定程度上促进各级领导对相关专业信息的了解，有利于查阅和处理问题，实现审批流程的透明性，促进检查、监督工作的落实和完成，使城市管理部门建立联系，实现数字化城市管理的整体性，更方便城市管理。

（三）大屏幕监督指挥子系统

大屏幕监督指挥系统是监督中心和指挥中心的服务系统，即可以通过大屏幕的形式，直观展现出城市管理中的各项信息，如地图信息、安全信息等，促进用户对城市交通全局情况的了解，掌握城市路况的基本动态，更好地把控城市管理全局，有效查询和显示相关社区、部门以及监督员等工作情况，为数字化城市管理提供更多有利的多媒体条件，使城市各项工作环节更加优化、更加便利。

（四）城市管理综合评价系统

在数字化城市管理系统中，城市管理综合评价系统是比较重要的部分，在数字化城市管理中具有重要作用。城市管理综合评价系统通过绩效量化考核和综合评价服务体系，对城市数据库中的各个部门和岗位信息进行综合考量分析，实现对各项信息的有效评估。它制定科学、客观的评价结果，并应用于城市管理系统中，得到有效反馈，促进城市管理优化，提高城市管理的服务水平。促进城市管理综合评价系统落实需要立足于城市发展现状，结合工作过程和工作绩效以及各项规范标准形成科学的评价模式，并应用于城市管理中，以提高城市管理有效性。

在现代信息技术的高速发展中，将数字化技术应用于城市管理，成为城市管理的必然趋势，有利于数字化城市建设，加快城市化发展进程，对城市管理和发展具有重要意义。为了推动数字化城市管理，相关单位需要加强对相关数字化理论的了解，加快信息基础设施建设，实现资源共享；同时，保证数字化管理在城市各个项目中落实，通过网格技术加快数字化城市进程，促进数字化城市管理系统优化，发挥数字化技术在城市管理中的应用优势，使数字化技术更好地应用于城市管理中，推动数字化城市发展。

第三节　城市管理持续发展机制

一、非现场执法管理

通过对视频分析技术和存储资源在基层治理领域的不断探索，该技术已渗透到跨门占道、无证经营、超限检测、车辆违章停车等诸多违法场景中。如在车辆违章停车案件的处理中，在过去，当事人会逃避现场执法，拒绝调查取证；现在，执法人员可以通过监控录像和执法录音机，提前收集违法信息，直接下发协助调查通知书，并通过短信通知当事人。案件处理周期由1-3个月缩短为1-3周。非现场执法对前期信息采集水平要求较高，因此有必要构建一个数字执法天网，将城管、公安、交警、住建、事业单位的摄像资源与智能城管平台和一线城管人员执法记录员数据联动。非现场执法可以有效减少粗暴执法和暂扣货物的方式，以高清视频监控和执法录像机的形式固定违法事实证据，避免冲突的钝化。城管、公安、工商等部门的数据联动，建立了"一户一档案"的信息数据库。即使当事人不配合，行政机关也可以根据共享的数据做出行政处罚决定。对生效的判决不服的，可以申请法院强制执行。

二、流动摊贩管理

各地城管部门可以建立移动供应商数据库，利用云存储资源保存被处罚供应商的管理信息，并实时动态更新。即使是新的城市管理团队成员也可以立即获得流动摊贩的个人信息。处罚金额在 50 元以下的，对流动摊贩可以简化手续，当场处罚。

没有办法完全消除流动供应商。有关部门要给予他们更多的人文关怀，比如让流动摊贩接受统一的教育培训，合格后颁发独立的营业执照。

三、路长制管理

建立市、区、县、街道、社区四级联动的组织保障体系，加上技术支持，最终形成新型的现代城市治理模式。对于一线领导来说，建设的智能城市管理系统和大数据平台，可以覆盖非常全面的各职能部门事务和部分数据，提高照片上传和人员处理效率，拓宽检查视野，让群众多反映一些事务和智能城市管理平台部分问题。全市各部门可以团结起来，科学化、网格化、责任制地解决道路上的问题。目前，许多城市都在探索新的路长制管理模式，信息平台的介入提高了备案率和成交率。同时，要考虑市民的发现能力，提高市民的参与程度，才能有效缓解城市管理人员的紧缺，也能使市民更好地维护城市的正常秩序，产生归属感。

四、城市内涝管理

入春后，随着降雨量的增加，道路积水、排水管堵塞等问题突出。利用信息技术帮助管理者解决城市内涝问题迫在眉睫。依托物联网的视频分析能力和感知子系统，构建一套暴雨水智能监控系统。通过在城市低洼地区增设水位监测设备，当水位达到一定的预警值时，可以自动发送报警信息。接到信息后，指挥中心立即调用重点监控摄像机查看情况，解决问题。系统还具有水位遥测、远程视频传输等基本功能。一些老小区的地下管网老化，产生故障后很难迅速找到损坏点。利用人工智能机器人深入井下进行故障排除，通过摄像机将井下图像实时传输到平台上。

五、环卫管理

城市管理者可以结合物联网技术对人、物、车进行实时管理，降低环卫工作的运行成本。目前，我国大部分地区的智能卫生水平还处于初级阶段，管理者意识淡薄、资金支持不足、人才和技术缺乏等问题突出。完善智能环卫系统，必须从感知入手，通过物联网设备将采集到的各种数据上传到智能分析中，为决策者和市民提供有价值的信息。整合环卫人员、交通工具等各类城市环卫子系统，打破斗殴局面，从根本上杜绝信息孤岛，共同构建环卫大数据平台。认知、技术和经济问题一直制约着智能环卫平台的快速发展。此外，许多项目启动较晚，底层数据没有实现互操作，从而实现了实时监控、调度和决策。主管部门要出台相应的政策法规，规划环卫企业和监管部门从源头上建立统一的管理平台，在认识提高后，逐步加大对信息技术手段的投入。

六、餐厨垃圾收运管理

劣质油中含有大量的致癌物质。为防止地沟油再次流入小饭馆，城管人员采取疏堵结合的方法，从源头控制地沟油，将其扼杀在摇篮中。通过基于视频的分析能力，搭建厨余垃圾智能监控平台，对厨余垃圾从源头到终端的全过程进行监控。市环卫部门的管理人员只需坐在大屏幕前，就能清楚地看到餐厨垃圾车的生产、处理、趋势图、位置和行驶轨迹。该平台可满足餐厨垃圾、厨房地沟油、公共餐厨垃圾和厨房清洁车监管的发展需求。每辆收运车辆都有一双"眼睛"，对垃圾车的收运、行驶路线、溢滴、私卖等行为进行严格监管，并通过大数据平台比较理论处理能力与实际处理能力的差异，对集输车辆的行为进行智能分析。可建立厨房企业网上申报系统，将信息与垃圾收运系统绑定，定期在官方网站上公布垃圾收运统计信息，让更多市民参与监督管理。各地有关部门还可以设立餐厨垃圾资源化和无害化处理试点地区，出台正式的餐厨垃圾管理办法，并最终建成餐厨垃圾无害化处理厂。全过程监控系统贯穿于整个过程的中间。厨房企业、市民、地沟油、运输车辆、处置等五个关键节点实行网络化管理，使垃圾管理真正形成自始至终的闭环。

要坚持以人为本，以新思路引领城市建设管理，积极推进垃圾分类处置，实现市政事业单位生活垃圾分类全覆盖，全面完善城市治理，提高管理理念的认识和效率，促进城市管理的可持续发展。

第四节　网格化治理与城市管理

随着我国网络信息技术飞速发展，各种信息化平台不断扩容升级，在大数据、"互联网＋"技术不断发展的大背景下，城市管理部门越来越关注智能化创新技术的融入。作为基层管理创新的新模式，城市网格化管理将进一步为建设"服务型"政府的深化改革提供条件。本节以西安高新区城市网格化治理为例，浅谈网格化治理在城市管理中的作用。

一、城市基础网格的定义

（一）城市精细化管理中面临的困境

在城市管理工作中，由于市容环卫、园林绿化、市政基础设施等业务部门面临着管辖区域不同，工作边界不同，各业务间的管理网格单元表现出彼此包含、重叠、交叉或分离的特点，对网格单元划分要求详细程度不同。在协同工作中就缺乏统一空间认知，网格化划分是城市管理精细化的基础。这必然成为城市基础空间数据共享的瓶颈。

（二）城市基础网格的建设

城市基础网格是将单元网格作为数字城管最小空间基本管理单位，它是为体现城市精细化管理思想，根据城市现状，按照一定规则划分的一种实际的、多边形的管理区域。它运用无缝原则形成基础网格地图的技术思想，将城市划分为若干个基础网格单元。在划分单元网格时，遵循法定基础、属地管理、地理布局、面积适当、现状管理、方便管理、负载均衡、无缝拼接和相对稳定原则。基础单元格根据实际业务再组成若干环卫、绿化等业务管理格。通过网格关联多部门，基于网格编码统一各管理口径，明确逐项职责，锁定城市部件资源，实现多业务的数据对接。

（三）基于大数据的网格原理和作用

城市基础网格划分，除考虑城市行政区、街镇、建筑单元、公园、广场等的分布特征外，还需融入人口分布密度、城市商业网点密度、交通便捷性等指标，将城市基础网格进行等级划分。城市基础网格中，网格等级越高，代表该区域的人流密度越大、城市商业网点分布越聚集，在城市管理中越需要投入更多的人力、物力、精力。基础网格划分是城市网格化管理的一项关键工作，直接影响着城市管理效果。

二、西安高新区城市管理现状

为加快推进管理体制创新，2018 年以来西安高新区先后托管来自西安雁塔区、长安区、鄠邑区、周至县部分区域 12 个街镇，总面积达 1079.4 平方公里，其中，核心区管辖面积为 712 平方公里。

托管前，高新区用地类型基本为城市建成区域，城市管理网格根据市容环卫、园林绿化、市政基础设施等管理部门自画网格划分，引发城市管理各部门彼此信息不通畅、推诿扯皮、难于协同等问题。

为解决各部门自画网格存在的包含、重叠、交叉等问题。我们采用城市"万米单元格"的划分方式，根据不同区域现状特征，综合考虑各要素空间分布规律，将西安高新区最终划分得到 1663 个城市基础网格，其中丈八街道、鱼化寨街道、细柳街道和兴隆街道的建成区划分成 1128 个基础网格，其余的乡镇地区划分为 535 个基础网格。

城市建成区内，主要以建筑单位、公园、广场为单位进行基础网格的划分；城乡结合区内，以村、空地、在建工地为单位进行网格划分；在空旷地区只对植被覆盖有明显变化的地块进行划分，一般不考虑面积因素。

在网格划分过程中，为了保证网格的唯一性，一个网格单元在时间和空间定义上应有一个唯一的编码，当网格单元变更时，其原代码不应被占用，新增网格单元按照原有编码规则进行扩展。

三、基础网格在城市管理业务中的具体应用

（一）市容环卫网格

为探索市容环卫管理长效机制，强化市容环卫动态管理和现场管理，在环卫设施的精确分布和运作的基础上建立市容环卫网格，并对环卫车辆的运行轨迹也进行网格划分。

根据环卫力量的实际分布，将基础网格进行组合，按照城区主要道路、次支道路与街巷道路的环卫扫保管理工作有效关联，达到纵横通透管理的效果。

根据基础网格特点，即区域特性、商业活力、人流特性、车辆拥堵特性、路网划分情况，分析得到西安高新区的重点环卫道路。将重点环卫道路考虑在网格划分的标准之内才能在执行过程中合理分配环卫资源。结合多网合一到最小单元网格，按照西安市清扫标准，制定环卫最小单元网格组合，精确合理的做好清扫保洁、公厕的清掏保洁和养护、生活垃圾的日常拉运等城市环卫工作。

（二）园林绿化网格

园林绿化涉及的因素多、范围广、数据量大，为了在完备数据的基础上划分园林绿化网格，需充分利用可视化、地理信息、网络技术等现代化的软硬件技术，对园林绿化分布的现状做详细的数据整理，建立一个完备的园林绿化大数据和可视化、网络化的服务管理平台。最终提高园林绿化整体的管理水平，实现城市园林的社会、生态、经济、品牌效益。

园林绿地数据包括公园绿地、生产绿地、防护绿地、附属绿地的面积、绿化覆盖面积和道路绿地面积。绿化覆盖面积由分车绿带、人行道绿带、交通环岛的面积构成。在万米网格基础上，结合各种绿化数据的空间分布，以绿化面积作为基础的工作量，各类型绿化护理的复杂度作为权重重新划分园林绿化网格。为对园林绿地进行网格化管理，每个网格设置专人管理，了解每个网格的情况，解决管理难题。

（三）市政管理网格

城市基础设施部件和管理对象事件的优化运作，要求城市管理手段不断更新。随着城市容量不断扩大，市民对城市交通、环境、居住等质量要求日趋增强，网络化管理和动态调控需求也越来越高，这就迫切要求城市管理必须从定性变为定量、静态变为动态、单一变为综合，滞后变为实时，以增强管理的科学性，进一步提高城市的运行效率，而如何在巩固中提高，这也迫切需要有效的后续管理手段和长效机制。

市政道路设施管理是巩固城市规划建设成果，保证城市基础设施系统高效能运转的重要环节。网格化管理使原先一个区域多专业重复巡查转变为一个区域一人多专业巡查，即在一个很小的区域内，一名巡查员能对区域内的路、桥、水进行综合巡查，减少重复劳动。

基础数据是划分市政管理网格的基础，是体系的核心，涉及的市政管理的专题数据包括市政道路、人行道路、交通设施、路牌、消防栓等市政设施的分布和相关数据。

市政管理网格划分的原则除了在基础网格划分原则之外还需要考虑：各单元网格内的管理设施的数量应保持均衡，为方便实施管理，应尽可能使管理路径便捷等等划分原则。

综合以上原则和各个市政部件的空间分布状况，在基础万米网格的基础之上进行调整合并，最后进行编码管理形成市政管理网格。

（四）巡查考核网格建设

西安高新区管理范围内用地类型差别较大，大致可以分为三种类型，最主要的是建成区地区复杂，人流量较大，各类设施齐全的区域，这类区域巡检人员信息采集工作较大，对应的巡检单元面积相对较小；单元相对较大的工业集团区域，人流相对较少，周边用地类型单一，巡检人员信息采集工作量较小，在配备非机动车辆的条件下，巡检单元相对较大；最后的乡镇区域人流极少，在配备车辆的情况下，以道路长度为单位划分网格，该区域巡检网格最大。

考虑到信息采集网格内同样存在事件频发地段和相对较少的区域，在固定巡检网格内综合分析路段人流量、车流量、城市热点以及公共交通状况，将各个路段划分为需要每天巡检 2 次的一般区域和每天巡检 4 次的事件频发区域，并根据周边用地性质定义事件多发类型，合理建设巡查信息采集网格，达到巡查监督员主动、全面、及时、全时段巡查目标，解决信息滞后、中间环节多、巡查密度低、巡查不到位等问题。实现监督区域全覆盖、无缝隙、无死角，做到问题及时发现，及时处理，及时反馈。

在建设"服务型"政府的思想指导下，我们学习和吸收先进管理思想和经验，通过多年的理论研究和调研学习，现在找到一条相对正确的管理模式。网格化管理模式尽管还有欠缺，但是符合现阶段城市发展的管理模式，它强大的生命力会随着不断地完善，不断地开拓体现出来。

第五节　大数据与城市管理

城市管理系统是一个非常复杂的系统，城市管理涉及社会经济、人口、资源、环境等多个方面的管理内容，在城市管理过程中需要获取城市各个组成部分的准确信息，而这些信息绝大多数都隐藏在城市各个组成部分及与其相互作用产生的大数据中，要重视大数据和信息化在城市管理中的创新应用，通过大数据及信息化技术将这些数据有效收集起来，并对这些数据信息进行整理分析，以此做出科学合理的决策。现代化城市管理离不开现代信息技术的支持，现代化信息技术不断发展，尤其是大数据时代背景下，现代化信息技术能够为城市管理收集城市社会经济、人口、资源、环境等城市组成部分及与其相互作用的数据信息，而且能够利用信息技术对这些数据信息进行研究分析，进而为城市管理决策提供数据信息支持。

一、大数据与城市管理的相关概述

（一）大数据

大数据又被称为"巨量资料"，主要是指不能利用现有的软件工具提取、储存、搜索、共享、分析以及处理的海量、复杂的数据集合。现代这些数据来源日益多元化，而需要进行处理的数据不但有传统的结构化数据，还有非常多的原始数据、半结构化数据以及非结构化数据，这种数据信息体量非常大，而大数据技术的出现并不是说掌握庞大的数据信息，而是要对这些数据中含有的有重要意义的数据进行专业化的处理，通过加工处理实现数据的增值。在大数据时代，要重视从不同的角度准确地、有价值地进行数据信息有效挖掘，并要重视将这些数据信息应用到社会管理及城市管理过程中。大数据有如下几方面典型的特征。

1. 大数据的数据体量非常大

大数据具备非常大的数据规模，随着社会经济的不断发展，人们在日常生产生活中的各个方面都会产生大量信息，而这些信息会以数据，特别是现代化电子数据的形式被准确记录下来，而这些从人们日常生产生活中获取的数据信息将会以更大的数据体量来进行记录及储存，所以大数据的体量及规模是不可估量的。随着现代生产力水平的不断提升，以及现代信息技术的不断发展，人类社会实践过程中产生的信息数据不断增多，纳入到数据统计样本中的数据信息不断增加，数据体量无时无刻不在增长，大数据的数据体量非常大。

2. 数据类型繁杂

随着数据采集形式越来越多，数据类型呈多样化发展。现代大数据所采集到的数据类型不再是传统的文字或者数字的形式，其经过一定的发展已经增加了许多类型及样式，比如图片、视频、音频以及地理信息的处理等。在数据的现代化研究过程中，为了方便处理，会将多样类型的数据大致划分为结构化数据、非结构化数据两大类型，结构化数据主要是指比较传统的数据，其一般是借助文本记录方式储存数据。而非结构化数据主要是指其他具备个性化数据类型的数据，要重视对非结构化数据的类型多样的数据进行有效的处理，不断提升数据处理技术。

3. 处理速度非常快

较之传统的数据处理方式，大数据处理方式处理速度非常快。面对巨大体量的数据信息，不仅要提升分析技术水平，而且需要不断提高处理数据的效益。大数据的处理遵循定律是一秒定律，这表明不管是什么样的高价值数据信息的获取都很有可能由于数据处理速度的问题而丧失先机，进而导致其原有价值不能充分挖掘。怎样快速从各种类型的数据中获取有针对性、有价值的信息，并不断提升高效分析处理的能力，以便在数据处理过程中抢占时间先机，为决策提供数据信息支持，是大数据技术发展的关键所在。

城市管理非常复杂，加强大数据和信息化技术在城市管理中的应用过程中，要重视对大数据的特征研究分析，要重视对各个组成部分的数据信息进行挖掘、整合，而且要重视规范数据存储、共享的类型，利用现代化信息技术及信息管理手段获取有价值的数据信息，要不断提升大数据信息处理速度以适应现代数据信息膨胀发展的节奏。与此同时，还需要加大对数据可视性的关注度，在提升大数据有关工作便利性的同时，还要注重大数据的合法性，要重视个人数据信息的管理，保护个人的隐私。

（二）城市管理

城市管理主要是指以城市这个开放的复杂巨系统为对象，以城市基本信息流为基础，通过决策、计划、组织、指挥等一系列机制，利用法律、经济、行政、技术等手段，通过政府、市场与社会的互动，围绕城市运行及发展进行决策引导、规范协调、服务及经营的行为。城市管理的概念出现非常早，在人类历史上出现了城市便有城市管理，而且城市管理的理念会随着城市的发展而发展，在各个时期具备着不同的管理特征，而且城市管理的内容及管理手段也存在一定的差异。在城市出现及发展的早期，不管是西方国家还是我国大多数都是采取城乡合制的管理体制，比如欧洲在很早的城邦体制时，就有由公民选举产生的政权机构，而中世纪的欧洲，工商业快速发展，在工商业比较发达的城市及乡村的差异越来越大，城市管理有了真正意义上的萌芽，而且出现了很多行会统治的城市，以适应工商业的发展需求。近代文艺复兴时期，对人的关注也让城市管理及城市规划设计更讲究并关注城市个人生活及公共社会生活，市政、照明、卫生清理、道路设施以及消防队等现代化城市设施及管理开始形成。随着工业化进程的不断推进，以及城市化水平的不断提升，城市管理面临越来越多的问题，而城市管理职能也不断发展完善，尤其是城市规划职能的不断发展，某些具备代表性的规划思想及规划理论的出现及发展，对城市管理发挥着至关重要的作用，现代化城市管理过程中要追求城市的可持续性发展，要重视通过城市管理实现城市中人和自然及社会的和谐发展。

二、大数据和信息技术在城市管理中的创新应用

（一）大数据和信息技术在城市管理中创新应用的重要意义

现如今科学技术、经济发展都进入快速发展的快时代，我国在社会、经济及文化等各个方面正在全方位的发展及崛起，而大数据和新型技术的快速发展，为我国社会经济的持续性发展带来了新的发展机遇及挑战，对传统产业、传统模式的转型、变革提出了新的要求及标准，现代化城市管理的创新发展也出现在变革大军中，要重视大数据和新型技术在现代化城市管理中的创新应用探讨。

1. 有利于服务型政府的构建

大数据和现代信息技术有利于服务型政府的构建，服务型政府主要是指为社会、为工作提供服务，而大数据能够将每一位或绝大多数的社会个体纳入到数据样本中，其与传统的抽样调查存在区别，其将海量的、无序的数据都充分纳入到统计中来，并通过现代信息

技术进行科学的计算，对数据信息进行处理分析，这所得出的分析结论比推侧及样本抽查结论都要准确，能够为政府决策提供更有价值的数据信息参考，进而有利于政府更好的为人民服务，有利于服务型政府的构建。

2. 有利于我国大数据技术的进一步发展

大数据是当今世界各国热切关注的重点难点，但就大数据技术发展的实际情况来看，绝大多数国家对大数据的研究及利用都停留在商业领域，而且其所采集到的数据空间、时间范围都只是集中在一个地区或某个时间段，大数据在实际操作及应用过程中非常不成熟，将大数据和信息技术应用到城市管理中的更是少之又少，在大数据时代背景下，我国大数据和新型技术在城市管理中的创新应用，一定程度上有利于突破大数据应用的部门壁垒，有利于提升政府部门对大数据技术的认识，并将大数据和现代信息技术应用到城市管理实际中。而且大数据和现代信息技术的应用还有利于吸引资本以及科学人员的关注，进而有利于整个大数据行业的发展，有利于我国大数据技术的进一步发展。

（二）大数据和信息技术能够为城市管理提供支持

1. 能够科学掌握城市基础数据信息

大数据和信息技术在城市管理中的创新应用，可以充分利用物联网技术、传感器技术、无线网络技术以及射频技术等信息技术更加及时、准确地收集整理城市各个方面的信息，通过这些新型技术方便城市管理过程中准确掌握城市资源状况及城市的基础数据信息，进而为城市管理决策提供有价值的数据信息参考，做出科学合理的决策。在城市管理过程中，最重要的是对城市资源的分配及重组，要科学合理地分配及组织城市有限的资源，为城市人口以及社会经济发展提供服务，掌握城市资源、人口、经济活动以及公共设施等的信息数据，有利于城市管理的科学性提升。

2. 能够为城市管理决策提供支持

管理一定程度也就是决策，决策主要是指在科学合理研究分析管理对象及相关联的对象之后，制定管理方案，选择最佳方案的过程，而城市管理对象及关联对象需要以此作为基础信息，这说明决策的前提是科学合理地掌握决策对象的信息。

3. 能够扩大社会公众参与

城市管理是社会管理中非常重要的组成部分，而管理需要公众的广泛参与，而公众参与一定程度上又取决于社会环境、工作参与意识、信息掌握程度以及参与渠道等因素，大数据与信息技术在城市管理中的创新应用，一定程度上有利于拓宽公众参与渠道，有利于扩大社会公众的参与。大数据与信息技术的优势就在于其能够存在庞大体量的数据信息，并且能够快速获取有价值的数据信息，并能迅速将这些数据信息汇聚到大数据平台。居民借助互联网技术，利用软件及客户端，快速了解有关信息，进而参与到城市管理中。

综上所述，在现代化城市管理过程中要重视大数据和信息技术的创新应用，要提升城市管理工作的管理科学性及管理效益。现代城市管理过程中，要不断地吸收现代化信息技术，并重视信息技术的创新应用，进而通过大数据及信息技术提升城市管理水平。

第六节　城市管理与城市经济发展

本节展开对城市管理与城市经济发展关系的探讨，其主要目的是为了明确当前城市管理与城市经济的发展现状，以及二者之间的关系。自对外开放深入实施以来，我国社会各行业均取得显著成就，经济文化均获得了快速的发展，极大程度上促进了我国城市化进程的加快。在此新形势下，对城市实施有效的管理，促进城市经济的发展，是尤为重要的。本节首先对城市管理与城市经济展开阐述，同时对城市管理与城市经济发展的关系进行深入分析，最后着重探讨在城市经济发展下，加强城市管理的途径研究。

在城市化建设与管理中，明确城市管理与经济发展的关系，对城市化发展具有重要影响。就目前我国城市化进程的发展现状而言，在经济高速发展的现阶段社会中，我国各地区均在不同程度上营造出较好的投资和生活环境，充分促进了我国城市化的发展。从某种角度而言，城市管理与城市经济具有较为密切的关系，对二者的关系加以探讨并综合利用，能够对城市各项事业的发展起到推动作用。本节展开对城市管理与经济发展的关系研究，通过对二者之间关系的明确，进一步探讨在城市经济下加强城市管理的途径，能够为日后促进其他地区城市化发展奠定坚实的基础。

一、城市管理与城市经济

（一）城市管理

城市管理主要是指在当前经济高速发展的现代社会中，通过多样化的技术手段，展开围绕城市运行的相应规范协调、服务等经营行为。一般情况下，城市管理可以分为狭义的城市管理和广义的城市管理。狭义的城市管理是指城市的行政管理，包括对城市的整体规划、城市各地区的建设以及城市相关基础设施的完善管理等，主要以城市的整体管理为主，由此称之为城市的市政管理。广义的城市管理是指对一座城市内部的活动进行整体性的管理，包括对城市的政治、社会和经济等全面性管理。广义的城市管理范围相对广泛。无论是狭义的城市管理，还是广义的城市管理，均能够通过对城市的整体性管理，为城市发展奠定坚实的基础。

（二）城市经济

城市经济是在现代社会中，以城市作为主要的发展载体和发展空间，通过社会各产业的繁荣发展，不断实现对各经济结构产业的优化，从而通过对聚集效应和规模效应的掌握，进一步突出城市发展的地区经济。从某种角度而言，城市经济是强调城市发展进程中，各区域发展的现状，并以财政的形式展现出的城市发展概况。城市经济在发展进程中的特点主要体现为以下两点：一是在城市经济发展过程中，城市的人口、财富等活动，均以空间上集中的形式体现出来；二是城市经济活动在开展过程中，具有对内统一性和对外开放性。

二、城市管理与城市经济发展的关系分析

（一）城市管理是推动城市经济的重要手段

在城市化进程明显加快的现代社会中，城市管理与城市经济具有十分密切的关系，二者相辅相成、相互促进。在探讨二者关系时，本节指出，城市管理是推动城市经济发展的重要手段。众所周知，城市管理的手段相对较多，城市政府在实施城市管理过程中，可以通过对城市房价的调整管理，为房地产企业的竞争创造相对稳定的环境，以此推动城市的经济发展。可以通过对城市基础设施的完善和管理，实现对城市环境的规范和管理，从而为引导个体经济的发展奠定坚实的基础。由此能够看出，城市管理是推动城市经济的重要手段，对城市经济的发展具有重要影响。

（二）城市经济能够促进城市管理的发展

城市管理与城市经济的关系以相辅相成为主，城市管理是推动城市经济的重要手段，城市经济也能够促进城市管理的全面发展。从某种角度而言，城市在发展进程中，需要一定的资金财政支持，只有足够的财政资金保障，才能够为城市提供其在管理过程中需要的相应物品，从而促进城市管理的全面进步与发展。城市经济在得到保障的基础上，能够将更多的财政资金用于城市管理中，诸如加强对城市环境的建设、加强对城市偏远地区的改造等，以此实现对城市的管理。由此可见，城市经济能够促进城市管理的发展。

三、通过城市经济加强城市管理的途径研究

（一）在城市经济的支持下加强城市管理的宣传力度

在城市管理过程中，通过对城市经济的利用，充分实现对城市的全面管理是尤为必要的。本节在分析通过城市经济加强城市管理途径过程中，认为在城市经济支持下，加强对城市管理的宣传力度十分重要。在通过城市经济加强城市管理的宣传力度过程中：一方面，可以在城市经济的支持下，利用财政经济加强对城市管理的广告宣传，使更多的人能够通过广告的方式，了解城市管理现状。诸如利用城市财政资金，打造城市管理的创新式广告，将城市管理广告的新颖性、独特性充分体现出来，使公众更加明确城市管理的重要性。如灌南县城管部门利用城区主要电子屏幕定时放映城管公益广告，在广大市民中普及城管知识，争取群众支持城市管理工作，收到较好效果。另一方面，可以利用城市经济发展中的财政经济，加强对城市管理的网络宣传，使城市管理概念深入人心，从根本上提升人们对城市管理的认知和理解。由此可见，在城市经济支持下，通过多样化的经济支持手段，可以充分促进城市管理的发展。

（二）在城市经济的支持下促进城市管理体制的改革

本节在研究通过城市经济加强城市管理途径过程中，认为在城市经济的支持下，促进城市管理体制的改革，是促进城市管理的重要手段之一。城市经济的发展会在不同程度上促进城市各企业的进步与发展，从而推动城市的整体化发展。而在城市经济发展的财政资金支持下，可以从不同方面加强对城市管理体制的改革。第一，城市相关部门可以将财政资金发放到各基层单位，充分明确各基层单位在其发展中的具体责任和权利，并使其能够在城市经济发展中充分实现对权利的利用，以此进一步完善对城市的管理。第二，在城市经济的支持下，适当下放城市管理权限，从根本上落实城市各部门的责任，实现城市各区域的条块结合，实现对城市管理的规划性体制建设，为城市管理水平的提升奠定坚实的基础。

（三）在城市经济的支持下提高城市管理的执法力度

在城市管理过程中，城市管理下的执法力度对城市管理水平的提升，是尤为重要的。因此在城市经济支持下，应从不同层面上提高城市管理的执法力度。首先，城市相关部门要充分认识到城市经济与城市管理之间的关系，并通过对城市经济的利用，在城市制度管理中适当投入财政资金，加强对城市管理相关政策、法律法规的完善，使城市管理在日后的发展进程中有相应的法律可以依据和支撑。此外，城市管理相关部门也要在城市经济的支持下，加强对城市管理执法人员数量、素质的保障，在城市经济政策支持下，坚持聘用专业知识强、具有相关经验的执法人员，并定期对相应的城市执法人员进行培训和进修，从根本上提升城市管理相关执法人员的专业能力和综合素质，以此为城市管理的发展奠定坚实基础。如灌南县加强城管队伍建设，定期举办执法培训班，让每一名城管人员具备必需的城市管理法律法规，为依法管理城市奠定了良好的基础。

在经济文化高速发展的现阶段社会中，城市管理与城市经济逐渐成为推进城市化进程的重要影响因素，因此需要对城市管理与城市经济的关系加以探讨，并在明确二者关系的基础上，为实现城市健康发展提供宝贵的建议。本节在研究城市管理与城市经济发展过程中，主要认为二者具有相辅相成的关系，且能够在当前社会发展进程中，相互促进、相互发展。此外，本节在研究的最后，从城市管理宣传力度、管理体制改革、城市管理执法力度等方面，展开对城市经济发展下，加强城市管理的途径研究。期望通过本节的相关研究，为日后进一步促进城市化发展，奠定坚实的基础。

第三章 市场经济与城市规划管理

第一节 城市规划管理中存在的问题

当下城市的建设与发展是非常迅速的，在这一大环境下人们对城市规划管理提出了更高的标准与新的要求。可是，从目前我国城市规划管理工作基本状况来看，许多问题是客观存在的，对此，本节主要对城市规划管理中存在的问题进行基本分析，同时提出相应的解决措施。

一、城市规划管理的作用

（一）使城市的发展与经济发展的要求相适应

在社会经济活动当中城市是最为主要的载体，在城市经济发展结构、发展阶段、发展水平不同的情况下其基本内涵必然会存在较大的差异性。在城市发展过程中经济的发展史是最为主要的动力，城市规划管理的首要目标是如何实现经济的更好发展，与经济发展形成良性的循环状态。

（二）使城市的发展与城市社会的发展相适应

城市建设的最终目的是为人民服务。整个城市是由不同的人群、利益集团共同构成的，为此，更好地适应城市社会的不断变化、满足各方面人群的多元化需求、平衡不同利益集团之间的关系是城市规划管理所要实现的最终目标。

（三）使城市各项功能不断优化并保持动态平衡

城市的变化与发展可以说是一个循序渐进的发展过程，空间的拓展需要与现有的交通设施建设相匹配，做到与市政基础设施的有效结合，市民生活水平的提升需要与城市的环境质量改善相呼应，城市物质财富的累积需要做到与城市人文环境的优化共同进行，这一切问题都是以做好城市规划管理为基本前提的。

二、城市规划管理中存在的问题

（一）环境污染恶化

环境污染是目前城市规划管理工作中存在的一大突出性问题。在现代化城市建设与发展的过程当中，重工业的发展在我国可以说是十分迅速的，并且取得了非常显著的成绩。可是，城市人口的快速增长与环境污染问题的急剧恶化在某种意义上来讲却增加了城市规划管理的难度。从目前城市规划管理现状来看，在各个层面上都存在各种各样的问题，譬如污水排放不达标、绿色植物整体覆盖面积未达到规定要求等等，有很大一部分的化工企业重工业在没有经过专业处理或在污水处理措施没有做好的情况下就直接将污水排放至自然河流当中，这些问题的存在对当地水系生态系统造成了极为严重的损害，并且这种损害是无法挽回的。除此之外，绿色植被的乱砍滥伐，伴随着城市绿色植被面积的不断减小，城市空气质量急剧下滑。在城市人口不断增长的情况下，人类产生的生活垃圾、不可降解垃圾也在持续地增加，这也在一定程度上使城市环境污染进一步加重。

（二）文物古迹原始风貌被破坏

大家都知道，我国是拥有千年民族文化与历史的国家，在我国的许多城市当中都保留了具备当时时代特色的古老性建筑和历史街道。伴随着现代化城市建设的不断开展，为能够更好地满足城市建设的整体风格，不少的古建筑原始风貌被不断地破坏掉，这在一定程度上使得城市的文化价值大打折扣。

（三）缺乏完善的公众参与机制

从城市规划决策的角度进行分析，城市领导人在其中起到了至关重要的主导作用，其中仅少部分的城市规划专家具有城市规划决策权。此外，在各地区城市规划管理部门把握主题裁量权的基本现状下，造成监督管理体制和行政审批工作受到了很大程度的制约。站在内部制度权责分化细则的立场进行分析：规划管理部门同样具备规划单位与管理者的直接上级，这就造成规划管理工作在很长一段时间当中停滞在规划管理者的相关权责之内，决策主体错位问题也是时有发生的，这为各部门领导贪污受贿提供了"良机"。

三、加强城市规划管理的解决措施

（一）协调经济建设与生态文明建设的关系

城市规划管理工作的有序开展是以当下城市的基本发展状况为基本出发点，从而更好地实现社会经济发展与生态文明建设的共同进行。基层城市管理规划工作人员一定要做好重点项目的全面性分析，以免有盲目追求经济利益的问题出现。城市规划管理工作当中，一定要正确坚持人与自然和谐发展这一基本准则，在确保社会经济可持续发展的基本前提下，最大限度地避免对自然生态环境的不利影响。除此之外，注重做好生态环境保护工作，对于污染比较严重的区域一定要做好污染治理工作，这样才能够为城市居民提供优质的生活环境，推动现代化城市的进步与生态环境的共同发展。

（二）保护历史文物，传承民族文化

充分地了解当代城市的历史发展特征，这是做好城市规划管理工作的基本前提，并且可促使城市的古老建筑物、历史价值充分地发挥出来。城市总体规划过程当中，可把文物保护确定为重点项目，正确处理古建筑和现代城市建设之间的关系，尊重城市传统文化，建设独具中国特色社会主义精神的现代化城市建设体系。大力传承兼容并蓄的中华民族精神，遵守城市规划建设方案基本要求，优化城市现有的空间环境，从而促使城市建设自然美、空间美、和谐美的共同实现。

（三）制定完善的公众参与制度

城市规划管理工作中，建立完善化的信息公开制度是非常重要的基础条件，并且要对广大社会群众的参与流程做出进一步优化处理。站在法律角度进行分析，国家及个地方政府部门一定要明确具体地城市规划管理区域，紧紧把握好最佳时机，综合时机需求来选择最为合理的城市规划管理方式，这样才能够获得利益主体的认可与大力支持。可以看出，在城市规划管理环境不是特别稳定的状况下，只有最大限度上调动广大群众的参与积极性，才能够更好地推动现代化城市建设管理工作的顺利开展。

城市规划管理工作当中城市规划是基础依据，是确保城市土地得到合理性开发与利用的重要前提，是实现现代化城市社会经济共同发展的有效途径。然而，城市规划管理工作的有序开展是以科学合理的规划管理为基础的，这是一项系统性的工程作业，需要针对城市规划建设中出现的问题进行不断的分析与及时的解决，只有这样才能够真正地将城市规划管理工作做到极致。

第二节　BIM 与城市规划管理

我国经济的快速发展带动了城市建设的快速推进，对城市规划管理的要求也在逐步提升。将 BIM 技术应用到城市规划管理工作中，可以实现数据共享和可视化，提升城市规划的效率和质量，促进城市规划建设的发展。

自改革开放以来，我国城市化的发展速度直线上升。这带动了我国国民经济的发展步伐。而在城市化发展的过程当中，城市的规划设计是一个重要的环节。随着城市化的发展，政府以及社会愈加重视对城市的规划设计，使得当前城市规划设计中的弊端逐渐出现。然而，BIM 技术的应用，改变了以往城市规划设计的思路，为城市的规划设计提供了全新的思路，使得城市的规划设计质量得到了明显的提高。

一、BIM 技术的基本内涵

BIM 技术即建筑信息模型，是当前三维数字技术应用的典型代表。具体而言，在 BIM 技术应用中，以数字化、多媒体技术为支撑的建筑工程项目三维数据模型得以建立，在该模型下，建筑结构的物理特征和空间特征得以数字化、系统化表达，实现了工程规划建设过程的资源共享。同时，在应用过程中，参建各方均被纳入管理、应用平台，并在控制界面的操作下，实现建筑信息的提取、插入、更新和修改，从而在建筑决策依据充分的基础上，实现了工程项目从概念到施工的全寿命周期协同管理。与传统工程项目规划建设相比，BIM 技术应用不仅具有一体化、参数化、信息完备化的应用特征，而且在可出图性的控制下，实现了项目建设的可视化、协调性和模拟化控制，对于建筑工程结构优化、质量提升和效益获得具有重大影响。

二、BIM 在城市规划建设管理中的应用

（一）建立数字地面模型

数字地面模型是一个表示地面特征空间分布的数据库。通过对高程点的合理利用，能得到三角网络模型，这种模型具有不规则性。该模型以区域内数量有限的点集为依据把整个区域分成若干三角面网络，各网络之间直接或间接相连，位于区域中的所有点均处在三角面或三角形中。若点未处于定点，则这一点的高程可通过线差插值获得。三角网除了要对各点实际高程进行存储，还能对其平面坐标及节点连接与其拓扑关系等进行存储，以此极大提高模型整体精度。在获得这一地面模型之后，能随时对三维地形进行查看，进而帮助设计人员对区域内的地形地貌特点进行初步掌握，以形成初步直观感受，为之后的设计奠定基础。

（二）BIM 在智慧城市地下管线中的应用

由于城市的不断发展，各种地下管道盘根错节，这些隐蔽性工程的问题不可小觑。但 BIM 技术可以解决智慧城市地下管线中的诸多问题，通过 BIM 技术建立一个完整的智慧城市地下管线的综合信息数据库，可以在很大程度上解决城市管网的管理问题和后期的改造问题。通过 BIM 技术对地下管网信息系统的处理，可以更直观地拓展城市地下空间，由于其具有强大的信息数据分析和处理能力，将成为支撑城市建设强有力的后盾。

（三）基于 BIM 的建筑施工管理

建筑物施工过程应用 BIM 技术，可以将施工的方案进行前期的模拟与分析、工作量的统计、进度控制、安全模拟等工作，将施工过程中的工作通过三维模型充分展示出来。首先，将施工进度和工作要求在模型中体现，施工管理人员能将施工的重点环节和重要时间节点进行分析，保证作好技术交底和分析工作。其次，可以将工作量进行快速统计，以

便在后续工作中作好动态的分析与控制，便于在资金、材料、设备等多方面进行协调工作。最后，可以利用 BIM 技术将时间节点控制、质量要点控制、安全风险控制等紧密结合，做好分析，建立警报制度。

（四）利用 GIS 进行信息建模

在城市规划设计中应用地理信息建模技术时，需要采用 GIS 矢量模型，以便于完整、准确地把地理对象的信息表现出来。GIS 能够为城市规划设计提供简便丰富的建模工具，使得地理信息建模达到可视化建模的相关要求。这些要素需要按照顺序叠加到地图设计窗口中，并根据规划设计分析的要求，有选择地开启或者关闭所需的要素。这极大地方便了设计师对城市规划的分析。利用 GIS 进行信息建模有效地降低了沟通成本，使得规划设计的效率得到了明显的提升。

（五）城市道路路网设计

在过去的路网设计工作中，由于片区内的路网范围通常很大，所以不同道路通常需要不同设计单位负责设计，这就使不同区域的设计标高与市政管网对接等成为重点问题。在这种情况下，可通过对 BIM 模型的构建，使道路水平、垂直与排水等其他公共设施进行数据和图纸的相互关联，这样能从根本上减少冲突的产生，解决传统设计工作中存在的各类问题。

（六）构建智能信息模型

以城市信息模型为基础，提出智能目标，对城市模型中的数据进行采集、处理与存储，在多维模型基础上提出当前城市发展中存在问题的解决措施，引领城市规划朝着智能化、系统化的方向转型。在应用过程中，信息模型不但具有信息管理的作用，还具有信息处理、数据分析等功能；它在技术方面并非是简单的应用，还可实现与人的互动交流，使主观选择与智能系统相互协调，借助 CIM 平台可实现气候环境、水文地理等多种数据的集成，在算法方面可实现对多种重点问题的智能分析，为城市规划设计指明路线，提出优化策略，及时发掘设计中存在的不足，并提出解决对策。

BIM 技术的应用对城市规划建设质量的提升具有重大影响。实践过程中，城市规划师只有充分认识到 BIM 技术在城市规划建设中的应用优势，并规范性地落实其在城市日照控制、通视效果、通风效果、供应链监控、设计方案对比等方面的具体应用。才能确保 BIM 技术应用水平的提升，进而推动城市规划建设的进一步发展。

第三节　多元利益与城市规划管理

当前，中国的经济迅猛发展，国民生产总值屡创新高，社会各项事业蓬勃发展，处处呈现出一派欣欣向荣的景象，伴随着经济的发展和社会的进步，中国的城市化进程也快速发展，城市化的规模和水平也逐步提升，这在很大程度上也推动了中国经济的平稳有序发展，同时也为城市规划管理提供了千载难逢的机遇。在对城市进行规划，促进城市各方面发展的同时，也有多种利益的矛盾和冲突日益突出，多元视角下的群体各有各的主张和诉求，相关的争议和纠纷也屡屡出现，呈现出比较混杂的局面，公众对此有很多批评。针对这种情况，本章从多元利益的角度，对城市规划进行深入细致的分析和研究。

当前，国家以及各级政府对城市规划治理转型的步伐快速推进，中国城市规划正在逐步由物质空间研究视角向公共利益和社会利益的视角进一步转变，基于此，城市规划管理也呈现出更多元的利益和视角，在利益博弈的现实面前，很多城市规划者常常在多种利益的影响下综合考量城市的规划，在政治家和企业家等多方利益诉求下进行"解构"式的规划。

一、城市规划管理过程中多元利益博弈的表现

（一）政府的利益诉求

从根本上来讲，城市的政府行为从一定意义上来说，就是城市公共管理的主体。因此，城市的政府行为要以从根本上促进公共利益为最主要的目标。然而，政府自身也有着相关的利益诉求。一个比较良性的税源正常情况下是要进行层层上收的，如果在一定层面上，城市政府的事权和财权出现不对称，就会在财政方面面临很大的挑战。为了确保政府财政的正常运转，政府方面必须要在税收之外，探寻出全新的收入来源，针对这样的情况，土地批租和城市开发从一定意义上来说就成为政府追逐的目标。政府有针对性地借助征收农用地等方面的措施，在很大程度上为城市开发提供更多的土地资源，而且可以通过出让土地使用权来获得巨大的回报，这样能够在很大程度上使财政的拮据局面得到改观。

（二）城市规划师的利益诉求

城市规划师主要是对城市进行规划的业务人员和技术人员，他们有着多重的身份，既是普通人，又是知识分子和规划专家。他们有着和普通人类似的行为准则和价值观念，更关注的是自身的工作情况和经济收入。另外，他们受过高等教育，有着一定程度的社会责任感，对弱势群体是比较同情和关心的。与此同时，城市规划师具备自身的专业特长，更重视书本知识和权威的意见，对于百姓的意见往往容易忽略。这样的多重因素就在很大程度上使城市规划师在谋求自身利益的过程中，通常情况下会倾向于利益集团和资本力量，更有甚者，有些人还会在利益的诱使下失去自身尊严和科学追求。特别是在当今物欲横流的社会，相关的城市规划师会在企业家和政治家多方利益的推动下，使自身的职业素养在某种程度上出现偏离，为了自身的利益诉求，而违反职业道德和社会道德。

（三）开发商的利益诉求

从根本上来讲，城市发展的投资者和财富创造者就是开发商，这样的群体，借助自身

的资本优势使自身在城市发展的进程中具备让人难以企及的话语权力，从他们的角度来看，规划师只是具备着某方面职业素养和技能的从业者，对于土地的规划，其本质来讲是一种政治过程和经济较量，他们认为这应该由政治家和开发商来共同决定，然后在规划师的技术帮助下进行论证，并在图纸上呈现出来。所以，在某方面来讲，没有足够健全的监督机制和法制制度，大部分开发商为自身利益服务，对公共利益造成十分恶劣的损害。针对开发商的利益诉求，政府相关方面要有针对性地采取切实有效的措施，使他们能够在最大限度上有效规避自身的属性劣势，而让其价值得到最大限度的发挥，形成经济效益、社会效益和生态效益的多赢局面。

二、对城市规划管理进行改进的措施

（一）积极促进城市规划信息的公开透明

只有在根本上切实有效地把城市规划信息进一步有效公开，让城市的规划管理在大众的监督之下进行，才能在最大限度上有效降低暗箱操作的行为，使各类城市规划信息能够在体制的约束和市民的监督下进行，使自身的权威和决策能够与民众的民主性有机结合，在制度的维护下，让相关信息更加公开透明，使百姓的利益得到维护。政府方面要切实有效地考虑到自身的公信力，在出台相应的城市规划之前，就要征询各方的意见，广泛征求各方利益群体的建议。

（二）进一步拓展和优化公众参与机制

为了在最大限度上提升城市规划管理的质量，就必须有效获得公众的支持，进一步优化和健全公众参与机制，进一步拓展公众参与的渠道和相关的途径，使公共利益得到最大限度的保障和促进，从根源上杜绝腐败问题的产生。针对这样的情况，就需要通过形式多样的公众论坛让普通的百姓能够借助合法有序的手段，让自身的利益诉求得到充分表达。针对不同层面的城市规划内容，要有针对性的构建起不同层次的论坛，以个性化的形式来吸收群体的意见，在最大限度上有效规避无关于自身利益的公众也参与进来，避免公共选择过程趋向于复杂化。

（三）进一步优化和完善城市规划管理委员会机制

现阶段，有很多城市的规划编制的决策权主要是在书记、市长和相应的规划专家手中，在很大程度上是一种闭门造车式的城市规划，甚至有很多城市规划管理者为了自身的利益，接二连三地弄一些"换届工程""形象工程""政绩工程"，往往对城市规划的内容进行再三的修改，以满足自身的利益。为了切实有效地维护公众的利益和避免城市规划的随意性，就需要切实的优化和完善城市规划委员会制度，让相关的实践活动和行为操作都在制度的笼子里开展，让所有的行为都可以按照相关的规定和规范真正做到有法可依、有法必依，以制度来引领行动，让权威保证行动的方向，确保各项具体事务能够按照科学合理的规划进行。

（四）对城市规划机构要进行切实有效的监督

在城市规划管理的过程中，规划机构通常情况下都是汇集准立法权、执行权、自由裁量权和准司法权于一身。通常情况下，在开发商的利益驱使下，相关的规划部门和对应的官员极易产生腐败问题，以权谋私，使城市规划在很大程度上违背公共利益。针对这样的情况，需要切实有效地对城市规划管理机构进行有效监督，其途径主要有以下三个方面。①完善政治监督。要从根本上有效优化人大监督、司法监督和纪检监督。②加强社会监督。有针对性地借助社会舆论、公众参与监督，使城市规划管理部门能够在根本上依法行政。③行政监督。切实有效地通过监察、审计等内部监督机制，使城市规划管理机构能够进一步规范运行。

综上所述，针对多元利益视角下的城市规划管理进行深入细致的剖析和论述，对城市规划更科学合理的运行是十分必要而且重要的。在对城市管理过程中，要使不同群体的利益诉求都得到充分满足，在推动城市发展的同时，又确保民生能够实现，需要在不断的实践探索中，切实有效地协调各方的利益，有针对性地认清当前存在的问题，使各项有效措施能够贯彻落实。

第四节　城市规划管理和公众参与

城市规划管理是城市建设发展的重要内容，是城市稳步壮大需要重点强调的环节，所以需要对城市规划管理做科学的分析与研究。本节就城市规划管理中的公众参与问题进行讨论和分析，旨在为实践问题的解决提供帮助。

城市的规划和建设不仅仅关系着国家经济发展，还关系着人们提升的生活质量，所以说城市的规划管理是一项具有综合性的工作，不仅仅需要政府部门的参与，更需要民众的参与，因为民众有权利对自己的生活环境提出相关建议。就当前的实践来看，城市的规划建设主要集中于政府的相关部门，民众要想参与其中比较困难，所以很多的民众对此有不满的心理。换言之，民众生活在城市当中，对于城市的规划与发展，其应该有参与的权利，因为这关乎民众生活环境发展与提升。现阶段，民众参与已经成了一个比较热门的话题，做好此问题的分析与研究，这于现实问题的解决有重要的帮助。

一、城市规划管理中公众参与问题的核心

城市规划管理中的公众参与是目前城市管理中的热门话题，就该话题的具体分析来看，主要围绕着两个点：

一是公众认为城市规划管理与自身的生存环境息息相关，需要自己参与，从而对自己的生存环境发展贡献微薄之力，但是政府并不给公众这样一个机会。确实，从目前的具体

分析来看，很多民众对于城市的规划和发展都有自己的见解，其中不乏一些经过科学论证的，符合城市发展规律的内容，但是政府却没有为公众提供一个表达想法、参与实践的平台，这导致公众对政府存在着不满的情绪。

二是政府方面认为公众的意见与想法可有可无。因为就目前的城市规划和管理来看，一般都是由专门的人员进行分析和论证的，也就是说具体的工作开展是通过专家研究分析决定的。政府方面认为公众的知识水平有限，提出的意见以及想法过于小儿科，这样的意见与想法对于城市规划和管理来讲可有可无，所以政府单方面的不给公众参与的机会，导致了政府工作和公众参与的矛盾激化。

二、城市规划管理中公众参与度低的原因

对我国目前的城市规划管理做具体的分析发现公众的参与度比较低，对此情况做具体的分析研究发现主要有三方面的原因：

一是现如今的国内，城市规划管理没有设置公众参与渠道。要让公众积极地参与到城市规划管理实践中，需要为公众提供一个平台，这样，其意见或者想法才能够有效地传递出去。但是就目前国内的具体情况来看，虽然政府部门开设了公众参与渠道，但是具体的渠道和城市规划管理建设没有一点关系，所以很多公众在城市规划管理中表现的有心无力。总之，参与渠道是影响公众参与的重要因素，所以此问题必须要得到有效的解决。

二是公众的基本权利得不到保障，其参与热情被消磨。总的来讲，公众的力量的巨大的，将公众的力量投入城市规划和管理实践中，城市规划和管理会迈向新阶段，但是当前的城市规划和管理实践中，民众却没有较高的参与热情。究其原因是现阶段，我国的法律虽然赋予了公众多样的权利，但是在公众执行自己权利的时候却总是受到打压，久而久之，公众执行权利和履行义务的意识越来越弱，其参与公共事业管理的热情也逐渐地消磨。所以在当前的实践中，不少民众不愿意积极地参与到城市规划和管理中，其将城市规划和管理视为政府相关部门的工作。

三是目前的公众意见传输体系不完善。很多公众发出的信息得不到重视，很难出现在相关领导的办公桌上，而出现在领导办公桌上的公众意见往往是寥寥数语，且没有具体的内容，这使得很多领导人对公众的意见失去兴趣，所以在做相关策略制定的时候也会忽略公众意见。久而久之，公众参与城市规划管理的情况越来越少。

三、城市规划管理中加强公众参与的有效措施

城市规划管理实践要加强公众的参与度，需要从多方面做措施采取，否则难以达到预期的效果。基于目前的实践情况进行总结分析，并结合国外的城市规划管理经验，要在具体的城市规划管理汇总加强公众的参与度，具体的措施从以下三个方面强调。

（一）构建稳定的公众参与渠道

城市规划管理实践中公众的参与度要提升，第一项重要的措施是进行稳定的公众参与渠道建设。从现实分析来看，城市规划和管理对于城市整体的环境建设有着重要的影响，而城市是城市居民生存的重要场所，所以很大一部分有能力而且有想法的民众想参与到城市规划管理实践中，但是城市规划管理的相关政府部门并没有设立这样的通道，所以这些民众想参与却无能为力。为了解决此问题，政府部门需要基于现实技术构建相应的渠道，保证公众能够参与到城市规划管理当中。

就具体的参与渠道建设来讲，主要有两类：第一类是线下渠道，主要指政府相关部门开设的意见或者建议采纳通道。对城市规划管理有想法与较好意见的民众可以亲自走访政府相关部门，并通过意见采纳渠道提交自己的看法，这样，其可以参与到城市规划管理实践中。第二类是线上渠道，主要是利用网络、电话等构建意见传输通道，并将民众的具体意见通过电话和网络进行收集，最终作为城市规划管理的重要参考。

（二）通过法律法规的构建保障公众的权利实施

在实践中，要保证城市规划管理中的公众参与热情，需要通过法律法规对公众的权利做具体的保障。从我国的法律法规具体分析来看，民众有言论自由的权利，也有参与公共事务管理的义务。城市是民众生活的重要基地，城市环境的好坏与民众有着紧密的联系，作为城市的主人，公众有义务也有权利对自己生存环境的发展提出建议，但是目前的现实环境却总是对公众的合法权益进行干涉，这导致很多民众参与公共事业的积极性有所下降，这于城市的具体发展来讲是非常不利的。

举个简单的例子，在现阶段的城市规划和发展中，部分城市领导人出于对自己政绩的考虑，会牺牲部分民众的利益，这些民众的合法呼声会被忽视，他们的权利没有得到真正的保障。简单来讲，城市发展无论是对政府还是对民众都是十分有利的，但是在出现上述冲突的时候，要获得两全其美的解决方法，需要让民众提出自己的意见和想法，基于意见和想法，政府再做区域开发，不仅民众的利益得到了照顾，政府的相关工作推进也会更加的顺利。简单来讲，通过法律法规的严格执行保证公众的合法权益，这对于保障公众参与热情有重要的意义。

（三）构建公众意见传输体系

在城市规划管理实践中要解决公众参与问题，构建公众意见传输体系也是非常必要的。就公众意见传输体系的具体构建来看需要重视三方面：一是需要对意见传输体系的做完整的结构构建。基于现实经验构建意见传输体系，该体系需要分为三个层次，①基础层。基础层的主要目的是进行公众意见、想法的具体收集，为了实现意见、想法的充分收集，基础层可以做城市多方位布点，也需要做好相关网络建设。②筛选层。筛选层的主要作用是对收集的意见信息做具体的分类汇总。因为民众的意见与想法会有雷同的地方，而民众信息又比较大，相关部门的领导无法逐一的做信息阅读和参考，所以利用筛选层对信息做筛选提炼，这样，公众的基本想法与意见可以做大类汇总。③提交层。提交层的主要作用是将筛选后的信息进行进一步的分析，实现信息可行性的评价，并将具有可行性的信息做最终提交，这样，公众的参与意见到达了最终的管理部门。

总来讲，意见传输体系在具体的公众参与问题解决方面有重要的价值，所以为稳定性和效率性必须要保持，基于此，在传输体系构建的时候需要利用相关的技术，如信息技术、网络技术、数据库技术、大数据分析技术等等，这些技术的利用会让传输体系的具体执行效果有非常明显的提升。

综上所述，城市的规划管理不仅仅是政府的事情，更是公众的事情，因为城市的规划管理不仅仅关系着城市的发展与壮大，更与公众的生活环境、生活水平改善紧密相连，所以在城市的规划管理中，政府要贡献力量，公众更要积极地参与其中。本节对城市规划管理中公众参与问题的核心做了分析与讨论，并总结研究了当前公众参与现状以及具体的原因，基于原因研究了有效地提升公众参与度的策略，最终的目的就是要为城市规划管理中公众参与效果的提升提供指导。

第五节　信息运用与城市规划管理

近些年信息技术呈现出飞速发展的趋势，城市规划管理与信息技术结合也得到极大的推动。经过长期的实践，城市规划管理工作已经取得不小的进步，但是其中存在的问题还是会对该项工作的顺利进行造成阻碍。本节首先对信息运用与我国城市规划管理存在的问题进行分析，然后对信息运用与城市规划管理二者结合创新的措施进行探究，争取早日实现城市规划管理与创新的目标。

城市用地管理以及城市各项建设管理都是城市规划管理重要组成部分。在城市总体规划以及详细规划被批准后城市对上述规划的实施就是城市规划管理。城市规划与城市规划之间存在较大差异。城市规划主要包括以下五部分内容，即依法管理规划区土地、发放规划许可证、验收重点工程竣工、惩戒违反城市规划的行为以及建立健全市民监督，这五方面内容始终存在于城市规划工作中。实现信息运用与城市规划的有机结合，不仅对实现城市的可持续发展有重要作用，同时对提高居民生活质量有一定的促进作用。

一、信息运用与我国城市规划管理中存在的问题

（一）信息技术推广程度不够

现代社会科学技术不断发展，先进的科学技术与信息手段被广泛地运用于生产生活的各个领域，对人类的生存与发展有极大的促进作用。经过长期的实践与发展我国城市规划管理与创新已经取得显著成就，但还是存在一些不足需要我们不断探索与努力。信息推广

程度不够是信息化与城市规划管理中存在的主要问题之一。信息化技术的运用不仅可以有效提升城市管理的效率，还对城市管理工作质量的提升有极大的促进作用。推广程度不够、长期存在于信息化技术的推广工作中，引起上述现象出现的原因就是在认识方面存在差距。在实际进行城市规划管理时还没有完全地实现现代化，报建审批环境依旧采用纸质材料，这对城市规划管理工作的顺利进行有极大的阻碍作用。

（二）数据资源建设与系统平台建设不同步

数据资源建设与系统平台建设不同步也是在实际进行城市规划设计时面临的主要问题。业务应用是城市规划管理的主体内容，为在真正意义上完成规划管理服务水平的提升，可将信息化平台作为有效的载体。现阶段部分地区已经实现城市形态控制以及评估系统的建设，其中还包括规划审批方案和规划检查图文一体化以及城市规划市民互动平台的建立。但城市规划基础的空间数据还是存在滞后问题。另外，社会经济统计数据对城市规划管理与创新有直接影响，滞后的统计数据不仅不能对城市规划工作进行促进，同时还会起到阻碍作用。最终造成系统平台推广不能顺利进行的现象产生。

（三）信息资源共享机制不健全

信息资源共享机制不健全是信息化运用与我国城市规划管理存在的问题之三。虽然当前信息化快速发展，信息技术应用于城市管理规划的各项工作中，但是仍然存在数据信息不完整、数据信息不对称、数据信息重复建设等问题，最根本的问题还是信息资源的共享机制不健全。信息资源共享机制不健全，一方面是由于个别行业存在狭隘观念，坚持数据资源独享；另一方面是由于各行业之间信息共享体系不健全，各行业之间的数据信息标准性、统一性和规范性还不够，不能够很好地实现行业之间数据的使用、共享和更新。

（四）公共服务信息化发展缓慢

公共服务信息化发展缓慢是信息化运用与我国城市规划管理存在的问题之四。城市规划管理是政府实现资源配置、协调利益、保证公平和维护稳定的重要政策和手段，城市规划管理的发展在极大程度上提升了城市管理工作的成效，为城市带来了极大的经济效益和社会效益。但是当前我国城市规划管理中如何更进一步的实现政务公开，做好市民的规划服务性工作，已经成为我国城市规划信息化面临的一个重大挑战。

二、信息运用与城市规划管理二者结合创新的措施

（一）推动城市规划信息标准化建设

城市规划信息化标准建设是当前实现信息系统整合和数据共享顺畅的重要保障，因此必须推动城市规划信息标准化的建设。城市规划信息标准化建设应从规划信息标准化基础和标准执行制度两个方面着手，建立健全信息标准体系，实现城市规划的科学合理。城市规划信息标准化的建设不仅能够完善城市规划方案审批、业务管理和实施监督等过程，能

够构建相应的平台、接口、资源分类和编码平台等，还能够打破系统之间和行业之间存在的各种障碍，进而真正实现城市规划信息资源的建设和发展。

（二）构建城市规划数据共享平台

信息技术的不断发展对城市规划资源的流畅度提出了更好的要求，而城市规划管理的系统建设作为信息化发展的基础性工程，数据资源作为信息化建设的核心动力，必须重视城市规划数据共享平台的构建。城市规划管理的数据资源整个应实现统一化和规范化，应充分利用各种现代信息技术建立起全方位城市规划技术资料、城市地下空间数据等融为一体的开放的城市空间数据库和信息资源管理、共享平台。构建城市规划数据共享平台，不仅对于城市基础测量数据、社会经济数据等的获得和共享有着重大意义，还能够促进城市规划管理工作水平的提高，以及为市民或其他城市提供相关的城市规划信息和城市规划经验。

（三）促进城市规划管理决策信息化的实现

城市规划管理决策信息化主要包括新技术的推广和信息技术在城市规划管理决策中的应用两个方面。信息技术的推广和应用，应服务于城市规划管理、城市规划决策和城市规划的实施监督工作，促进城市化的建设，使得城市的发展更加健康科学。信息技术在城市规划管理决策中的应用主要在城市模型构建、城市规划数据分析和信息资源挖掘等方面，为城市规划管理者提供科学的城市规划方案和城市规划综合布局，以及城市规划工程建设方案的比较选择余地等。

（四）搭建面向公众的信息化服务平台

信息技术运用与城市规划管理，促进了我国城市规划管理业务审批、城市规划基础数据等方面的发展，但是运用信息化实现公示、市民参与程度还较低，因此需要搭建面向公众的服务信息化平台，对城市规划管理信息化进行延伸扩展。面向公众的信息化服务平台应以创建服务型政府为目标，通过以公众参与城市规划建设和城市规划决策为实现目标的途径，优化城市规划管理工作的社会环境，进而全面推动城市规划建设的政务信息公开，做到有公信力的政府应做到的义务和责任。

在当前信息化的背景下，信息运用与城市规划管理二者应实现有机结合，才能真正促进城市规划管理的进一步发展，实现良好健康的城市化建设。要使信息化运用与城市规划管理二者有机结合进而实现城市规划建设的持续健康发展，首先需要推动城市规划信息标准化建设，其次需要构建城市规划数据共享平台，再次需要促进城市规划管理决策信息化的实现，最后需要搭建面向公众的信息化服务平台。

第六节　城市建筑与城市规划管理

近年来随着经济的快速发展，我国的建筑行业虽然有着极大水平的进步，但是还存在着一定程度的缺陷。所以，相关政府部门应该具体问题具体分析，根据每个问题的实际情况予以解决。进一步提升城市建筑规划水平，优化城市环境，让城市发展水平和经济发展水平相匹配，最终促进我国经济和建筑的可持续发展。

一、城市规划管理和城市规划设计的概述

城市规划管理是城市规划编制、审批和实施管理工作的统称，针对城市发展的总体方针，对建设项目的规划管理、建设用地管理、建设工程管理。主要目的是为居民打造一个更好的居住环境。城市如果想要得到长期的良性发展，就必须充分整合有效资源，使其可以更好为城市发展服务。城市规划管理主要内容：①土地资源的管理；②各种建设项目的管理。

城市规划设计是较为抽象的概念。在不同的发展时期，城市都有不同的发展主题，城市规划设计为城市的发展服务，通过对城市硬件或软件的规划设计，迎合城市的发展需要。城市规划设计要对城市政治、经济、文化起到引领作用，在设计中既要遵循社会原则、经济原则和安全原则，更要注重地理优势、产业结构、发展条件、文化底蕴、历史条件等因素。

二、城市建筑与城市规划管理意义

城市建筑和城市规划管理的意义是，以实现社会经济和社会资源的可持续发展为基础，进一步对城市建筑工作进行创新，并将这项工作作为城市规划管理的主要内容。具体而言，就是以保护生态环境为前提，将人力、物力、财力在有限的时间空间内发挥最大的作用，与此同时，引进新的科学技术和先进的观念促进城市经济的发展，推动整个城市的改革满足城市化建设进程的需要和基本发展要求。众所周知，判断一个建筑物是否合格的基本标准首先是其功能是否完备，其次是其是否对城市的特色和文化予以体现。要做到以上两方面，就需要建筑设计人员在设计过程中进行细致的考量。尤其是针对人们日常进行居住的基础性建筑来说，保证了以上两个方面的内容，就实现了整个建筑的基本需求和标准。在推动城市规划的过程中，进行建筑物或建筑群落的创新是一个重要的方面，但是也会因此导致一些乱现象，所以就要求相关政府对其有一个科学合理的规划管理。

三、城市规划的合理布局

（一）打破传统观念，树立新观点

进行城市的合理规划和布局，和一个城市的发展趋势和水平息息相关，但是对于一个城市的合理规划来说，不仅仅是相关工作人员的主观意愿，要立足于客观事实，也包括周边的环境因素，和城市的未来发展目标，以及自然因素等等，都需要对其进行多角度的分析，并以此为基础进行整个城市的合理规划和管理；与此同时，相关政府也要出台相应的法律法规对城市规划进行进一步的优化。

（二）因地制宜地进行布局

我国幅员辽阔，且每个城市的建筑风格都有一定的差异，跟城市的历史和文化底蕴都息息相关。因此，在进行城市规划的过程中，相关的设计人员要根据每个城市的人文环境和历史进行设计工作，发现城市的特点和优势，并在设计中进行体现，让城市的建筑物和建筑群落都能体现出这个城市的风格具备独一无二的特点，让每个建筑物都有着自身的精髓和灵魂所在。

（三）合理布局人口密度

城市化进程的发展在给人们的日常生活带来便利的同时，也存在着一系列问题，例如城市交通越来越拥堵，城市配套设施不足等，导致城市的不同职能区无法进行统一的规划。由于人口大量涌入城市，城市的人口密度大幅度增加，但城市的面积、水资源和公共空间等都保持原状，所以直接导致城市人均资源拥有量大幅度下降。因此，在城市化建设的发展过程中，要合理进行城市布局和人口密度的规划，通过控制区域内的人口密度来保证整个城市可持续发展的稳定性。

四、我国城市规划的现状和城市建设管理中存在的问题

（一）城市规划的现状

在社会经济迅速发展的过程当中，我国现代化城市建设取得了举世瞩目的巨大成就，各个方面都有了非常明显地提高。可是，在此期间，也逐渐显露出一系列的问题：第一，城市规划的随意性。纵观所有的城市规划项目，不科学、不合理性是比较突出的，在这种状况下只会对城市规划与城市建设管理工作的开展埋下巨大的隐患。第二，城市规划急功近利。一些城市在制定规划的时候盲目追求经济效益，将城市发展的整体效益完全忽略，这种急功近利的行为在我国现代化城市规划中是非常多见的，这些城市为了所谓的建立城市的良好形象，只做一些面子工程，造成人力、物力、财力等资源的巨大浪费。第三，城市规划缺乏前瞻性。伴随着各城市人口数量的快速增长，很多城市在进行发展规划制定时缺乏前瞻性，这样就会导致城市建设根本无法满足当前市民的基本需求。第四，城市规划

的趋同性。很大一部分的城市规划完全是对其他城市的照搬照抄，根本没有从自身城市的历史文化特征入手，没有任何自己的独特之处，这样建设出来的城市是没有任何竞争实力的。综上所述，我国城市规划现在处于亟待改善的一种状态。

（二）城市建设管理中存在的问题

第一，缺乏城市建设管理有效方式。城市建设在日常管理中审批管理不到位，并未严格遵循国家既有制度、既定规范与要求开展相关工作。此外，城市管理职能不健全，规划管理投入成本不到位，执法工作人员综合素质、专业能力较低等等。

第二，城市建设管理体制不健全。有许多城市在进行城市规划管理工作当中，遇到问题之后都会将其作为政府事务来进行处理，并未充分地调动起社会广大群众的力量，在此过程当中，城市规划建设社会效益做出评价的时候，缺乏健全合理的评价机制，上述问题的存在将引发一系列的城市建设管理矛盾，这对于城市建设管理工作效率的提升可以说带来了很大的阻碍。

五、加强城市建筑管理的措施

（一）健全完善规划法规体系

随着城市化进程的加快，很多建筑企业也在飞速的发展进步，但是，由于很多企业在进行建筑工程施工的过程中，一味地追求经济利益，将城市建筑对社会的影响抛诸脑后，影响了城市化建筑进程。因此，针对这一情况，国家必须制定合理的法律法规进行建筑过程的完善并对建筑管理措施予以加强，相关政府更要以国家政策为基础，完善城市的法律法规体系，进一步规范企业的建筑施工工作，保证我国城市化进程的顺利发展。

（二）加强城市规划与管理的监督

城市建设管理工作是一个长期的工作过程，要保证城市规划建设管理的顺利进行，城市的相关政府部门就要重视这项工作并将其列为重点项目，以国家的法律法规为基础，建立一个行之有效的监督机制，对整个城市规划管理的全过程进行严格的监督，一旦发现问题，根据实际情况及时地采取有针对性的措施进行解决。

随着我国经济的不断发展和城市化建设进程的加快，我国城市建筑的不断发展正快速地改变着城市面貌。因此，在城市规划管理的过程中，以科学发展观为基础，将整个管理工作落实到实处，可以促进人和自然环境的进一步和谐发展。而建筑是整个城市的核心部分，城市规划管理对城市建筑起到指导和决策的作用。

第七节 城市规划管理新趋向

城市规划管理科学合理性与城市经济稳健发展息息相关。本节主要以城市规划管理为主题展开分析，在深入分析城市规划管理新趋向的基础上，具体分析城市规划管理中的实践问题及相应的解决办法，旨在保障城市经济稳健、持续发展。

进入 21 世纪，我国无论是经济发展，还是社会建设，已经全面进入了现代化发展关键时期。党的十九大围绕城市规划工作，提出了一系列新的要求。开展科学合理的城市规划管理：一方面有助于保障城市经济稳健发展；另一方面在保存传统文化，建设彰显文物价值并符合现代建筑审美的建筑，优化城市整体布局等方面发挥积极作用。而现实中的城市规划管理，存在环境恶化、名胜古迹破坏等问题，制约我国城市建设发展和城市经济稳健发展。基于此，本节从经济环境和谐发展等几个方面探讨解决办法，对于促进城市可持续发展而言尤为重要。

一、城市规划管理新趋向

（一）转变管理职能

传统时期下，城市规划主要在基于政府相关职能部门授权情况下进行。近些年来，政府体制处于不断改革发展中。因此，城市规划管理应紧随政府职能的转变进行相应的调整。新时代，唯有加速推进城市规划职能的转变，为其发挥引导作用，才能为保证城市规划管理工作高质高效进行夯实基础。

（二）改革管理机制

近些年来，我国经济社会蓬勃发展，对城市规划管理提出了更高的要求。城市规划管理机制和目标的制订及完善，需重视公民参与，促使社会公众在体验中获取良好的成就感，并增加公众对城市规划的认可度。另外，传统管理方式主要以政府单向管理为主，无法满足当前城市规划管理需求，需重视综合管理，坚持"放管服"管理原则，改革管理机制，适应当前城市建设发展需求。

二、城市规划管理中的实践问题

近些年来，城市规划管理重要性日渐突出，而在实践中出现了一系列问题，如环境保护不力、名胜古迹保护不当等，给城市规划建设可持续发展产生了一系列负面影响，具体内容如下：

（一）环境保护效果有待提高

现如今，我国城市虽发展迅速，但是伴随而来的是严重的生态环境污染问题，给城市管理工作带来一定的困难。同时，城市管理工作实践中，面临一系列问题，如绿植覆盖率未达国家现行标准、污水处理方法不合理等，其中污水处理方法不合理具体表现在部分单位在废水排放时，尚未进行必要的处理，造成大量未达标的废水排进河水当中，污染水质，进而引起一系列问题，如降低水生物多样性、绿色生态系统遭到严重破坏等。除此之外，生态环境的破坏，致使城市绿色面积急剧减少，造成空气浑浊问题难以解决，如大雾等，直接威胁到城市居民的身体健康。

（二）名胜古迹保护不当

中华民族数千年的发展，保留了大量具有历史意义的建筑。近些年来，城镇化进程加快，为建设现代风格的城镇建筑，大量具有历史文化价值的古建筑遭到严重破坏。城市建设中，古建筑和古街道的存在：一方面可以提升城市品位；另一方面可以突出城市文化特色，并以此发展旅游产业，带动城市经济发展。近些年来，国家虽大力提倡保护历史文化遗产，社会公众文物保护意识得到极大的提升，但是在城市规划建设中，相关人员追求眼前利益，忽视古建筑等文物的保护，不利于城市长远发展。

（三）管理机制有待完善

基于目前情况而言，我国城市规划管理决策时，领导者发挥主导作用，极少部分城市由专业技术人员负责所有工作。正因如此，造成管理决策容易出现不合理等问题，如城市居民的客观需求无法在城市规划中得以体现。同时，领导者在缺乏相关领域知识的基础上，容易做出一些不科学、不合理的决策，进而不利于保护公共利益，对城市规划发展更是产生了一系列负面影响。

三、城市规划管理问题及与之相应的解决办法分析

结合上述分析，当前城市规划管理中的主要问题包括环境、文物、机制等几个方面的内容。要想进一步提高城市规划管理水平，保障城市规划建设可持续发展，需立足于具体问题，予以针对性强的解决办法，才能实现预期管理目标。

（一）推动社会经济和生态环境协调发展

城市规划管理工作落实过程中，需全面了解城市具体发展情况，统筹城市经济和生态环境协调发展。城市规划管理工作人员需立足于城市实际情况，基于多维度考虑项目规划方式，不得着眼于眼前利益，需将目光放置长远，围绕可持续发展观看待相关问题。同时，城市规划管理工作实践中，需始终坚持人和自然和谐发展原则，推动城市经济可持续发展，避免生态环境污染等问题的出现。另外，国家层面需通过多种渠道，如媒体，大力宣传环境保护的重要价值及意义，不断提高社会公众环境保护认识和意识，为营造一个舒适、干净的城市环境提供保障。

（二）加大文物保护力度

城市规划管理需全面了解地区历史文化，在此基础上，制定城市规划管理方案，保留历史文物。同时，城市规划管理过程中，相关管理人员需密切跟进文物保护工作，后通过文献等方式，明确文物和城市之间的关系，在保留传统文化意义的基础上，建设既能体现文物价值，又符合现代审美的现代建筑。除此之外，在城市规划管理中，工作者需严格按照相关标准落实规划管理工作，在兼顾文物价值的情况下，不断优化城市空间布局，为构建和谐的城市建筑，营造和谐美夯实基础。

（三）完善城市规划管理机制

城市规划管理工作的实施，要想保证其效果，则需要完善的管理机制提供保障。同时，政府全面公开城市规划工作信息，让社会广大民众参与到城市规划中，积极听取社会公众的真实声音，在明确社会公众具体需求的基础上，进行综合性分析，后确立管理规划办法。基于法律角度而言，相关规划人员需在明确城市规划范围的基础上，充分考虑各类实际情况，并以此为依据展开管理工作，确保各项工作的开展备受社会公众的支持，如此才能保证规划管理工作顺利进行。因此，城市规划管理工作实践中，需重视社会公众参与，并不断完善管理机制，以此推动城市建设可持续发展。

综上，新时期，人们对城市规划管理要求不断提高标准，给城市规划管理工作带来一系列新的挑战。因此，在城市规划管理中，需加强统筹管理，完善相关管理机制，推动城市建设快速发展。

第四章 市场经济与城市环保管理

第一节 环保工程管理的现状

环保工程管理是我国社会建设中的重要组成部分，也是当前城市建设的新兴领域。在新的发展背景下，政府部门越来越重视环保工程管理，加大了园林绿化工作、生产垃圾无公害处理、城市污水处理等方面的力度。

一、环保工程的概念和主要工作

（一）环保工程的概念

环保工程从化学、医学、生态等方面着手，基于质量科学和环境污染治理的保障，促进城市发展建设，创建合理、科学的环境卫生科学体制。环保工程关注改善城市环保工作体系、促进建立科学的环境，通过经济循环的绿色发展形势完成废气、废水、固体垃圾的无公害处理，对所收集的相关数据进行研究，发现造成污染的根本问题，并进一步研究治理污染的方案。

（二）环保工程的主要工作

环保工程的出发点是改善居民的生活环境，提高居民的生活质量。完善优化项目管理是环保工程管理的主要工作。环保工程的目标不单是要完成任务，还要探究在效果最大化的情况下最节约成本的方案。在环保工程管理工作实践中，产品的环境要求与管理体系之间是不存在矛盾的，两者处于相辅相成的关系中。

二、环保工程管理现状分析

（一）环保工程宣传不到位

随着我国生态环境的恶化，人们逐渐意识到了破坏环境给生产生活带来的危害。但是，仍然有很多人为了追求方便随手乱丢垃圾，很多企业为了追求利益不按照国家标准要求将未经过处理的工业废物直接排放在空气中。环保工程是我国经济发展的重要基础，涉及人们生活中的方方面面。现阶段人们环保意识的欠缺有部分原因是各地环保部门对环保工程宣传不到位导致的。人们对环保工程的了解程度过低，会导致管理过程中很多问题不能够被及时发现，在环保工程完成后，这不仅会影响环保工程的质量，更会对环境造成不可逆的破坏。

（二）环保工程管理不到位

环保工程管理与其他的工程大体相同，都是通过事前、事中、事后进行管理。事前管理主要是了解相关法律法规并实地考察，考察后做出治理方案设计。现阶段已经颁布了一些相关法律法规，但仍然不够完善，需要进一步完善细节，提出更严格的环境管理要求。很多环保工程设计者在事前不进行实地考察，并不了解施工现场的污染状况和造成污染的原因，无视城市建设的绿色可持续发展。事中管理是指工程建设过程中的环境管理。很多企业对环保工程管理的重视程度不够，不愿意在这方面投入更多，这会导致在环保工程管理过程中不能够将污染源彻底处理。事后管理指的是工程结束后的验收检查，主要存在的问题是发现排放物不达标的现象时，相关部门和企业对这件事的重视程度不高，相关部门只会进行通报而不是派专业人员帮忙处理监督。

（三）缺乏优秀环保工程管理人才

我国的环保工程管理人才数量有巨大缺口。因为环保工程管理的市场环境得不到改善，所以管理人才的工资待遇普遍不高，他们的能力也没有得到充分发挥，让很多人才转入其他领域，环保工程管理的人才越来越少。通过数据研究发现，环保工程专业人士十分缺乏，真正具有环保工程相关知识的专业人才占所有行业从业人员的10%左右。优秀管理人才的缺失，对我国的环保工程事业发展是十分不利的。

三、环保工程管理现状的应对策略

（一）加大环保工程管理的宣传力度

环保意识的提高是环保工程管理工作顺利开展的重要基础。各地环保部门要大力宣传环保的重要意义，提升人们的环保意识。有关部门还需要向其他国家学习先进的环境保护技术理念，实时更新环境保护管理知识，引进世界先进的环保工程专业技术，进一步推动我国环保工程管理事业向更好的方向发展。为了更好地对环保工程管理进行宣传，可采用如下措施：首先，环保部门可以在社区举行环保讲座、环保演讲比赛等活动，提高人们的环境保护意识。其次，工作人员应当提高执法力度，以友好的工作态度让群众接受环保理念，使环保意识深入人心。最后，在公交站、地铁站等人流密集的地方张贴环保宣传的标语，让环保理念时刻萦绕在人们心中。当前我国倡导进行垃圾分类，但是很多人还是不了解垃圾的具体分类，因此环保部门可以通过公共交通的宣传屏幕向人们科普垃圾分类的细则，提高大家垃圾分类的准确性。

（二）健全相关法律法规

我国环保工程管理起步较晚，导致相应法律法规还不健全，缺乏相关的政策指导，使群众对于环保的意识较为薄弱。在这样的形势下，势必会影响工作的开展，对于工作人员宣传环保意识是很不利的。要尽快颁布并有效落实相应法律法规，健全环保工程管理制度，规范管理人员的工作行为，提高管理人员的工作效率，增强政府部门以及群众的环保意识，确保环保工作的顺利开展。在制定相应法律法规的同时，还要注意和已经存在的法律法规进行对照，在实施过程中要注意配套。在制定法律法规之前，要到实地进行考察，与当地的环境保护部门针对具体环境问题进行沟通，确保制定的法律法规能够满足当地环保所需，保证法律法规制定后具有实际操作性。

（三）加强环保工程专业领域的人才培养

根据现状来看，我国环保工程管理人才的薪资待遇水平较低，因此要提高从业人员的福利待遇，这样才能够留得住人才。另外，还要制定环保工程管理的人才培养方案，在高校中培养出高素质的环保工程从业人员，让他们作为环保工程管理的基石，在环保工程管理的发展中起决定性作用。

环保工程影响着人类的生存和发展，如果不能够提高对环保工程的重视程度，生态环境将逐渐失衡，人类将失去家园。因此，政府、企业和个人要携手共进，为我国的环保事业做出贡献，一起开创环保工程新局面。

第二节　智慧城市与智慧环保建设

如今，城市化进程越来越快，社会发展形态也发生改变，因此，我国提出了创造智慧城市、提高城市管理水平以及提供多元化城市服务的发展战略。在此背景下，人们利用各种先进信息技术，有效整合城市各项配套系统和功能模块，进一步促进城市朝工业化、信息化、城镇化方向发展。目前，城市环境保护工作有序开展，但仍然存在环境控制力度不足、污染加剧等诸多问题。所以，本节深入分析了智慧城市背景下的智慧环保体系问题，并提出了合理的智慧环保体系建设策略。

随着经济和社会的不断发展，城市需求越来越多，越来越多元化，人们必须努力探索出符合国家相应要求的新型管理方式。城市发展带来一定的负面影响，环境问题日益突出，极大地阻碍了城市的可持续发展，从而影响城市文化建设和经济增长。智慧城市是一种新型发展模式，将生态舒适、人类日常生活与经济持续稳定发展融为一体，使城市各环节相互协调，推动经济实现可持续发展。

一、智慧城市建设中的智慧环保内容

现阶段，我国重点开展智慧城市建设，将新兴的物联网等先进科学技术合理运用到新型产业中，有效提高城市服务能力，进一步优化城市治理方案。智慧城市建设需要环保技术和人工智能的支持，这也是智慧城市的核心。目前我国正处于经济转型关键时期，很多城市正朝新方向发展，智慧是城市发展的新方向，在国家政策的大力扶持下，智慧城市建设得到有效保障。要想打造低碳、环境优美的城市，人们必须大力保护生态环境。

二、城市智能环境保护系统的主要框架结构

当前，我国部分城市主要从三个层次来构建城市智慧环保体系。硬件感应层是最底层的结构，主要由环境感应自动检测器等硬件组成，24 h自动监测城市环境。网络传输层作为中层结构，通过网络信息系统、基础数据传输系统等子系统及时汇总和分类硬件传感层上传的环境监测信息，同时把各类问题及时有效地传输到顶层结构。系统应用层为顶层结构，主要包括大数据处理系统、内部管理操作平台以及附属电子数据库等，不仅可以及时采集反馈信息，制定城市环境管理方案，还能综合分析环境监测数据。

三、构建智慧环保体系构架

（一）构建智能环保感知层

智慧环保感知层是智慧环保体系必不可少的基础，也是整个智慧环保体系中至关重要的一层。首先，按照自上而下的顺序，建设智慧环保感知层，政府领导层需要科学规划建设感知层，做到统一兼顾，避免引发跨区域环境问题。其次，政府领导层要结合自身资源情况，科学地设计顶层。最后，切实增强公众环保意识，借助移动终端，帮助公众及时了解各类环境问题。总之，借助顶层设计，有效整合原有资源，及时添置新的感应和监控装置，合理运用公共移动终端设备，最终形成天控协同监测系统，对各种环境进行全方位监测，进而取得全面的第一手环境监测数据。

（二）构建智慧环保网络层

智慧环保网络层是智慧环保体系必不可少的枢纽，主要负责将感知层取得的相关影像、信息以及公众上报的问题传送至操作平台，最终将这些珍贵的资料转发给各大终端设备。建设网络层时，首先要结合现有的无线网络、宽带网络以及通信枢纽等。其次，要逐渐拓宽环境监控中的网络层覆盖面。不论是人烟稀少的原始森林还是大城市，都必须严格按照相应标准覆盖环保网络，以便顺利地传输各类环境数据。再次，尽快研发出适宜的移动终端APP，这样可以方便公众实施监督、上传各类环境问题。最后，在建设网络层时，还应时刻关注网络数据安全、个人隐私以及国家信息安全。总之，不断进行资源整合，拓宽覆盖面，方便大众参与，最后建成无处不在的网络传输系统。

（三）构建智慧环保应用层

智慧环保应用层是指操作平台将所有相关信息和影像上传到云平台，借助云平台创建更大的资源库，进而储存、分析、整合和共享相关数据，一旦数据出现异常或限值，系统将自动报警，有效控制和监管出现污染源的企业和环境管理部门。首先，应用层要拥有大型数据中心，便于及时存储、分析和共享相关数据，同时确立相应的门户网站和移动终端APP软件，方便人员查找和调动，同时有利于企事业单位借助门户网站及时办理相关环境审批备案手续。其次，在应用层，当数据异常且接近极限值时，可以及时跟踪污染源，追根溯源，准确找到污染源的位置和单元，并发出相应预警。一旦超过限值，将第一时间报警，提醒相关企业和部门严格监管。此外，还可以为数据设置不同的安全级别，以确保网络安全。同时，可建立不定期检查制度，便于突击检查。最后，应用层可以为管理层的奖惩决策提供参考数据，同时结合不同环境条件，制定出切实可行的环境风险应急预案。

（四）建设底层硬件感知层

首先，要进一步明确城市智慧环保体系的建设顺序。在构建智慧环保体系结构时，应从宏观角度出发，将我国生态环境作为一个整体系统，努力构建底层硬件感应层，分析各区域的生态环境变化。如果不同城市智能环保系统的底层硬件感知层没有确立统一标准，污染源很可能在不同区域扩散，缺乏协调的环境治理。因此，有必要从全局出发，规划和建立一个全国统一、标准化的城市智能环保系统硬件感知层，以环境保护体系为核心要素，构建以各智能城市为主体的综合型、跨网络的环境监测管理系统，使环境管理资源利用率实现最大化。另外，必须参照不同城市的生态环境情况，择选出最佳硬件感应检测设备，并将其安装在相应设备上。例如，工业厂房和污水处理厂等区域往往会产生和聚集大量污染物，可以将硬件感应检测设备安装在类似区域，并建设底层硬件感应层。所以，灵活运用GPS技术，能够非常精准地找到城市管理区域的各个环境污染源头。

其次，合理调动现有的各项资源，努力构建城市智慧环保体系。人们要合理利用城市现有的环境管理资源来构建底层硬件感应层，确保城市智能环保系统运行效率，合理把控系统建设成本。

最后，努力建设信息反馈和外感知系统。最近几年，社会各界越来越关注和重视环境保护。为了有效提升城市智慧环保体系管理效率，有必要建设信息反馈机制，合理地放宽底层硬件感应层控制权限。例如，城市居民可以借助移动硬件设备，及时将各类环境污染问题和监测数据上传给城市智慧环保体系。

（五）建设中间层网络传输层

网络传输层是城市智慧环保体系整体框架中不可缺少的枢纽，主要负责及时上传硬件感知设备监测数据，并将顶层结构下达的各项重要控制指令准确传送至各处。合理组建中间层网络传输层，切实保障整个城市智慧环保体系的管理效率和质量。

1. 整合现有资源

中层网络传输层的造价成本很高，同时还需要建立配套的地理信息系统、网络信息系统以及基础数据传输系统等。所以，在现有城市网络传输资源的基础上，努力构建各项配套子系统，合理把控城市智慧环保体系的造价成本。

2. 在合理范围内，尽可能地增加中层网络传输层覆盖面

在生态环境治理下，任何环境污染问题都有可能引起一系列连锁反应。所以，只有进行全面的环境管理，才能更好地避免各类生态环境污染问题。所以，要在城市管理区域的每个区域安装足够多的硬件传感器监控设备，同时要继续扩大中间层网络传输层的覆盖范围，确保工作人员实时传输各种硬件监控信息，其中包括人烟稀少区域、无人值守区域等覆盖的保护环境网络传输系统。

3. 潜心研究和制作对外开放的网络传输软件

要想有效提升城市智慧环保体系的运行效率和管理水平，人们既要研发配套的对外网络传输软件，又要适当放宽底层硬件感知层对外开放的权限。城市居民可以利用外环保网络传输软件和自身配置的硬件移动设备，通过视频、可视化图像等形式传输环境污染信息，保障智慧环保体系的实施效果。

4. 建立与之相匹配的网络传输安全防护体系

硬件传感设备传的监测数据和发布的管理指令包含中国地理环境、地质构造、生态环境等高度机密的数据信息。如果被不法分子盗取，势必会严重威胁国家安全和人民利益。所以，中层网络传输层有必要建立配套的信息安全防护体系。

智慧城市建设需要人工智能技术和环保技术的支持，目前仍处于探索阶段。智慧环保是城市实现可持续发展的必经之路，智慧环保建设通常涉及众多部门，只有统筹规划，将顶层设计落实到位，不断扩大环保网络覆盖面，切实增强公众环保意识，合理运用人工智能技术和环保技术，才能顺利建设智慧城市，更好地服务广大人民群众。

第三节　城市环境卫生管理

本节针对城市环境卫生管理，首先分析城市环境卫生管理中经常出现的一些问题，进而结合这些问题，有针对性地提出改进城市环境卫生管理的措施，可以为城市环境卫生管理工作的开展实施提供建议。

城市环境卫生管理在城市现代化建设中具有非常重要的作用，也是推动城市环保工作开展的关键。近年来，一些城市在建设规模不断扩大的同时，城市环境卫生管理方面出现了较多的问题，影响了城市环境卫生整体水平的提升，也难以满足人们对于宜居环境的基本要求。因此，优化城市环境卫生管理模式，改革城市环境卫生管理手段，不断提高城市环境卫生水平，已经成为城市管理的重要工作。

一、城市环境卫生管理中存在的问题

（一）对城市环境卫生管理职能定位不准确

现阶段管理部门在城市环境卫生管理上，除了负责一些地方性法规制度政策的制定以外，往往还要兼具负责一些政策的执行以及执法工作，既参与政策制定，还要参与执行，这就造成了在环境卫生管理工作中往往出现自我监管力度较弱、执行效率不高的问题。究其根本，还是在城市环境卫生管理工作中存在职能定位不合理的问题，在垃圾运输、资源回收、市容环境管理等方面仍存在市场化程度不高的问题。

（二）城市环境卫生管理体制不健全

首先，在我国城市环境卫生管理方面，管理体制还没有完全理顺，在环境卫生的管理方面还存在各自为战的局面，对城市环境卫生齐抓共管的意识不强，环境卫生管理在具体的实践过程中往往受到较多的限制和制约。其次，在城市环境卫生管理方面，也缺乏相应的长效管理机制，往往陷入发现问题、集中治理、问题复发、再集中治理的怪圈，环境卫生管理整体水平不高。

（三）城市环境卫生运行中还存在问题

在城市环境卫生管理的具体操作过程中，还有很多的限制性因素。首先，城市环境卫生管理的经费不足，尤其是由于对社会资本引入不足，再加上对垃圾处理费等相应的费用收取不足，造成了城市环境卫生管理的财政投入较为紧张。其次，城市环境卫生管理的数字化信息化水平不高，各种信息化的手段没有在城市环境卫生管理工作的开展过程中得到充分有效的利用，以至于城市环境卫生管理工作的整体效率不高。

二、城市环境卫生管理模式优化研究

（一）理顺城市环境卫生管理体制

针对城市环境卫生管理存在职能交叉、多头管理、条块分割等一系列的问题，重点应该对城市环境卫生管理体制进行改革优化完善。将优化环境卫生管理的职能以及权限进行进一步的归集收缩，在管理模式上尽可能地采用扁平化的管理模式，增加环境卫生管理幅度，减少管理层次，以确保关于环境卫生管理的各项政策制定以后，能够在第一时间快速得到落实。在具体管理体制的设计上，应该重点遵循重心下移的原则，尽可能地采取属地管理的模式，明确街道、社区、物业等在城市环境卫生管理中的具体责任，确保各项环境卫生管理措施能够得到有效的落实执行。

（二）完善城市环境卫生管理制度建设

提高城市环境卫生管理水平，确保各项管理工作有条不紊的执行，最关键的是必须进一步强化城市环境卫生管理的制度建设，尤其是进一步加强对环境卫生的管理、监督，创新管理等方面的制度机制设计，在城市环境卫生管理中构建依法管理的长效机制。在制度设计中，最重要的是要健全完善监督检查以及考核管理制度，通过落实工作管理责任制度，对城市环境卫生管理进行优化约束，不断提高城市环境卫生的整体管理水平。同时，重点还应该全面统筹规划、建设、环保、公安、工商、文化、商务、卫生、食品药品监督等相关管理部门的力量，加大对各种违反市容环境卫生管理行为的处理力度，确保共同配合以提高市容环境卫生管理工作的水平。

（三）提高城市环境卫生管理智能化水平

在城市环境卫生管理模式的优化上，应该注重加强技术手段创新的应用，依靠信息化数字化智能化技术的运用，提高环境卫生管理效率。首先，应该建立城市环境卫生管理网络，特别是将调度指挥、环卫车辆管理、垃圾收运管理、工地监控、市政设施、市容市貌监控等功能统一整合。其次，提高环境卫生管理网络的联动控制，例如，可以采取对城市主要街道和社区建设进行视频监控的方式，对环卫车辆加装 GPS 定位系统和实时对讲设备，依靠环卫系统，在发现环境卫生管理方面问题的同时，可以通过数字地图，及时快速地进行处置。

（四）加强对城市环境卫生管理宣传教育

城市环境卫生管理是一项系统性的工程，仅仅依靠政府管理部门的管理以及投入，很难取得较好的实效。在城市环境卫生管理模式的优化中，应该有重点地加强对宣传教育的侧重，通过各种手段加强对城市环境卫生管理工作的宣传教育，鼓励群众积极参与到维护环境卫生的工作中，增强其公共责任意识，进而带动城市环境卫生管理水平的不断提高。

城市规模的不断扩大以及人们生活水平的逐渐提高，对城市环境卫生管理也提出了新的更高要求。城市管理部门应该全面深入地分析在城市环境卫生管理工作中存在的一些问题，并重点在制度管理、技术创新、设备保障以及激励考核等几方面完善管理举措，不断优化城市环境卫生管理模式，为城市管理水平的不断提高提供良好的基础条件。

第四节　市政工程环保施工管理

为了提高市政工程环保施工管理水平，促进市政工程不断地发展。本节结合实际在论述市政工程环保局施工必要性的基础上，对市政工程环保施工管理要点进行深入探究。

随着当前我国经济的高速发展，城镇化建设更加快速地进行，使得城市人口激增，导致了市政工程的运行压力比较大。当前我国市政工程还存在很多的缺陷，比如建设中存在颗粒物、噪声、光等污染，给人们的正常生活造成不利影响，城市居民的健康也无法保证。因此，应该科学合理地采取环保施工技术，避免严重环境污染问题存在，以保障人们的生命健康，这是当前社会发展必然要面对的问题，必须要全面解决，以更好地促进社会可持续发展。

一、市政工程环保型施工的必要性

（1）废水污染问题。市政工程项目在实施中，要进行沟渠的开挖施工，此时会产生大量水泥浆，还有施工生活污水排放、冲洗水泥管所产生的污水等问题，造成极大的环境污染问题。此外，有些施工单位没有有序管理，造成现场的污水外流到其他区域，甚至有些进入城市居民的下水道中，给人们的生命健康造成非常严重的负面影响。

（2）施工大气污染问题。市政工程实施环节会产生比较多的废气与粉尘污染，导致大气污染问题比较严重。废气主要是车辆、设备所产生的污染，还有就是施工中涂料的喷涂、化学材料热熔等方面。市政工程在实施阶段会应用石灰、砂石等材料，如果未有效处理会导致粉尘污染严重的情况，影响环境质量。

（3）噪声污染问题。市政工程项目的实施环节，无论是车辆还是设备，在运行中都会产生比较多的噪声污染。特别是打桩机等大型的设备，噪声是巨大的，影响人们的生活。还有就是施工中存在赶工期的情况，全天进行施工，也没有必要的遮挡措施，造成噪声传播范围较大，严重影响人们日常生活。

（4）固体废物污染问题。市政工程在项目实施中，固体废弃物的存在主要就是周边建筑物拆除、材料报装、员工生活垃圾等方面。如果在进行路基开挖施工环节随意将土质排放到施工范围内，也会导致比较严重的污染问题。施工企业的所有员工生活垃圾没有集中处理，排放到自然环境中，将给人们的生命健康造成不利的影响。

二、利用环保型技术减少市政工程中的污染

在市政工程环保施工管理的过程中，需要根据不同的施工情况采取有效的控制措施，减少环境污染的情况出现。

（一）颗粒物污染防治措施

市政工程项目中所存在的颗粒物污染问题，应该从污染源头进行治理，要结合不同情况选择合适的技术处理污染问题。首先，对于周边建筑物拆除，可以进行现场的洒水除尘处理，组织人员在现场大范围地喷洒水分以降低粉尘污染的影响，能够将空中的颗粒物全部都下落到地面。如果拆迁时遇到大风等不良天气，就要提前了解天气预报，必要时应停止施工，以避免颗粒物飘落到更大范围内。其次，要做好颗粒物建筑施工材料管理，要做到材料搬运轻拿轻放，以防止出现颗粒物漂浮情况，此时可以通过在表面覆盖苫布或者喷水降尘等方式，有效地防止污染物浸入空气中。最后，颗粒物建材如果不得不进行搅拌制作处理，应该组织人员专门进行洒水降尘，以防止出现严重的大气污染问题。

（二）噪声污染防治措施

对于市政工程中所存在的噪声污染严重的情况，可以结合项目实际情况来采取必要应

对措施，必要时进行环保处理。首先，在工程材料的运输阶段，应该尽量减小车辆行驶过程中的噪声，合理确定运输线路，要远离居民集中区域，以保证人们正常的学习和生活。要及时进行运输车辆故障检查，禁止存在超载或者带病运行情况，可以尽量减少车辆行驶中的噪声污染问题。其次，应该做好施工设备机械的管理，可以在设备中安装必要的消音装置，也可以安装使用一些遮盖装置，从而可以更好地减少设备噪声给人们生活所产生的不利影响。最后，应该做好施工时间的管理和控制，对于噪声比较大的施工作业来说，应该尽量选择在白天进行，此时可以更好地降低对居民生活的影响，避免在夜晚施工导致人们无法进行休息。

（三）水污染防治措施

市政工程项目在实施环节中极易存在水污染问题，此时要检查导致水污染的源头，然后采取必要的环保技术进行处理。首先，施工中所存在的用水污染问题，可以通过在现场安装相应的污水处理设备来达到应用的标准，能够有效地处理施工用水，避免没有任何处理就随意排放到自然环境中的情况出现。比如，在搅拌机前台和运输车清洗的地点内设置沉淀池的装置，然后对搅拌机中的所有废水进行必要的沉淀处理，在经过全面的处理后，要及时进行回收再利用，同时还需要在现场设置设备来进行洒水降尘处理。其次，对于存在一定毒害性质的建材存放时所产生的污染问题，应该组织专人进行该类建材的管理，同时设置专用的管理库房，做好必要的防水、防漏等措施，以防止给生活用水造成严重的污染问题。最后，对于现场施工人员在日常生活中所产生的污水问题，应该及时进行处理，在达到排放标准之后才能排放到自然环境中，必须符合国家标准的要求。

（四）光污染防治措施

市政工程项目在实施环节中所存在的光污染问题，要结合不同的来源采取相对应的处理措施，通过合理的环保施工方式来解决。首先，对于表面光滑度较高的建筑材料所产生的光污染的问题，市政单位应该选择使用反射系数相对较小的材料，如果不得不应用反光度高的材料，可以在表面贴上反光膜来避免过度反光的情况，从而可以更好地避免建材的应用给周边的交通、居民生活产生不利的影响。其次，对于照明、电焊等方面所产生的严重光污染的问题，可以通过采取措施来消除光污染外泄，以更好地保护周边居民能够正常的生活。最后，防护栏的设置也是非常重要的，应该采取措施有效地防止电焊飞溅火花而导致的周边光污染，充分保护周边的自然环境。

（五）节能与能源利用

根据现场施工机械设备的要求，禁止应用不符合规定的节能、环保标准的设备，要确保所应用的机械设备的功率符合工程的要求，同时要采取先进的管理措施来进行设备的管理和控制，做好日常的维护与保养管理，同时还应该合理设定相应的节能照明装置，以降低电力能源的消耗。办公区域内所应用的灯具、电脑等，在下班后要及时关闭，避免电能浪费。生活区域内，应该粘贴相应的标识，以提升人们的能源节约意识。

综上所述，在市政工程的建设施工环节中，为了能够全面提升节能、节地、节水等设施，要积极应用先进的节能、环保措施，更好地促进施工效果的提升，还能够实现可持续发展。基于此，市政工程的实施环节，要选择科学合理的施工技术，应用先进的防污染处理措施，可以更好地保障工程的安全，避免给周边居民造成不利的影响，也能够防止污染问题的扩散和影响，最后可以更好地促进社会的稳定发展，实现可持续发展。

第五节　市政工程环保型施工管理

随着经济的快速发展和和谐社会的构建，人们的生活水平越来越高，人们对城市环境的要求也越来越高。市政工程是城市发展的基础工程，在进行市政工程施工时，经常会造成严重的环境污染问题，如废气、废渣、废水等废弃物的排放，会对空气、土壤、水资源等造成污染，这不但污染了城市环境，还给人们的生活带来极大的不便，甚至会对人们的生命安全健康造成影响，因此，在进行市政工程施工时，必须加强环保型施工管理。本节将结合工作经验对市政工程环保型施工管理思路进行简单的探讨。

一、市政工程管理中环保型施工概述

环保型施工不仅仅是针对市政工程施工而言，而是针对所有的工程施工而言，在施工过程中注重环境保护，尊重自然环境，科学的防护环境污染，不仅能有效地提高工程的施工质量，还能降低工程的施工成本。

在进行市政工程建设时，会给生态平衡带来很大的副作用，如果只是为了经济利益进行工程建设，就会违背可持续发展的道路，因此，在进行市政工程施工时，要保证工程建设和环境发展的和谐统一，确保两者的可持续发展。在市政施工过程中，对人们身体健康有影响的环境污染主要有土壤污染、灰尘污染、噪声污染、水源污染等，为保证人们的身体健康，必须加强市政工程的环保型施工管理。

二、市政工程施工中存在的污染情况

（一）颗粒污染

在进行市政工程施工时，经常会扬起粉尘颗粒，从而引起大气污染，这对人们的身体健康有很大的危害。市政工程施工过程中引起颗粒污染的环节主要有拆迁过程、施工前细颗粒材料的运输过程、施工现场搅拌过程及一些液体物质干燥后形成的颗粒，这些施工环节形成的颗粒污染都会对施工周围的环境造成极大的危害。同时施工过程中产生的垃圾污染及人们的生活污染引起的空气污染都属于颗粒污染，这些污染会极大地降低空气质量，甚至会引起呼吸道疾病，严重危害人们的身体健康。

（二）噪因污染

噪因污染是市政施工中最常见的污染问题，也是对周围居民影响最大的问题之一。在市政施工过程中，噪因污染占整个环境污染的 30%，其中包括挖土机、装载机及车辆产生的噪因，搅拌机、打桩机产生的噪因，施工过程中安装、拆卸钢脚手架产生的噪因，切割石材产生的噪因等，噪因污染会严重地影响到周围居民的正常生活。

（三）水污染

在进行市政工程施工时，需要用到很多水资源，而在用水过程中，如果不加强管理，就很容易引起水污染。引起水污染的情况有很多，如砂石骨料加工污水、混凝土养护用水、机械废油等流入水源中，水污染会对人们的正常生活带来极大的危害，因此，加强市政施工的水污染管理十分重要。

（四）高空坠物

在进行市政工程施工时，经常需要将一些建筑材料运输到建筑高处，尤其是在超高层建筑施工过程中，如果施工人员不太注意或者是受风等因素的影响，就会造成一些物体从高处掉落下来，高空坠物不但容易引起一些交通安全事故，还会对人们的生命安全带来极大的威胁。

（五）光污染

光污染是指在进行市政工程施工时，玻璃等易反光材料的表面会发生反光现象，同时还有在施工过程中电弧焊切割物体产生的闪光现象。市政施工引起的光污染很容易引起交通安全事故，对人们的生命健康安全有很大的威胁，因此，加强光污染管理也很重要。

三、加强市政施工中污染问题的防治

在进行市政工程施工时，施工单位要注重城市生态平衡的稳定，对施工过程进行严格的管理，尽量减少施工引起的环境污染问题。施工单位要安排专门的工作人员进行环境保护工作，制定出和实际情况相符的环保方案，及时处理好施工过程中存在的环境问题，尽量保证施工外的环境处于原有状态，从而最大限度地减少施工对生态环境产生的副作用。

（一）颗粒污染的防治

在进行市政工程施工时，施工单位要在一些容易扬起灰尘的材料上面盖上篷布，在施工过程中要做到轻拿轻放，取走材料后，要及时盖好篷布，避免产生扬尘。在运输这些材料时，要尽量选择平坦的路线，同时要用篷布将运输车辆盖好，防止运输过程产生扬尘；在进行砂石等细小材料搅拌时，要根据实际情况制定合适的防尘措施，从而防止出现颗粒污染的现象。

（二）噪声污染的防治

施工单位在进行市政工程施工时，要尽量使用噪声比较低的施工设备，要在周围居民的居住区和施工区之间设置隔离地带，并设置相应的隔离设备，从而有效地减少噪声污染。在施工过程中，施工车辆及机械设备发出的噪声要符合相关规定，同时要根据施工的实际情况，合理地调配机械设备的使用时间，严禁在晚上进行大规模的施工，防止对周围居民的休息造成影响。

（三）水污染的防止

在市政工程施工过程中，要严格地按照相关标准对废水、污水的排放量进行控制，施工单位要对混凝土养护水、机械废油、砂石骨料加工水及其他废水进行科学的处理，并对其水质进行严格的检测，只有保证水质检测合格后，才能进行排放。在进行市政工程施工时，会用到大量的水，如果将这些水随意的地排放到河流、农田中，就会造成严重的水污染，因此，施工单位要将施工过程中使用的水排放到城市污水管中，从而有效地防止水污染。

（四）高空坠物的防治

在施工过程中，施工单位要严格地要求施工人员，严禁施工人员从高处向下抛各种物体，施工单位要制定合理的管理制度，对施工人员的行为进行严格的约束，确保施工人员在进行高空作业时，能高度集中精神，这样不仅能有效地减少高空坠物事件的发生，还能为施工的安全进行提供保障。施工单位要建立安全防护网，同时施工人员要将运送到高处的物体固定好，避免发生施工过程中外界因素引起高空坠物的现象。

（五）光污染的防治

光污染是近年来施工过程中出现的，其主要原因是新型材料的广泛应用，因此，在施工过程中要根据实际情况，选择合理的施工材料，尽量减少光污染。由于电弧焊产生的亮光也会引起光污染，同时这些亮光还有可能引起火灾事故的发生，因此，要在施工周围设置围护栏，对电弧焊施工产生的亮光进行拦截，并且可以有效地减少火灾事故的发生。

在市政工程施工过程中，很容易引起环境污染的现象，因此，在进行市政工程施工时，施工单位要加强环保型施工管理，本着可持续发展的观念进行市政工程施工，有效地减少施工引起的环境污染，确保城市生态环境平衡，从而促进和谐城市的构建。

第六节　城市空气污染控制及管理

针对城市空气污染的相关控制管理举措进行简要阐述，以期在以后的工作过程中能够使人民群众对空气污染问题更为重视，努力从根源上去对城市空气污染进行有效控制和管理。

智慧城市是一个相当广义的概念，它不仅仅是简单的网络覆盖，而是在面临不同状况、不同需求时，可以通过各种智能化的网络覆盖和基础设施为整个城市的居民提供更美好的生活，这才是智慧城市的根本。而对于我国居民来说，尤其是北方城市，在城市空气污染问题上面临的最大敌人就是雾霾了。

2013 年的年度关键词中出现了一个让人胆战心惊的词汇——"雾霾"，当年 1 月的 4 次雾霾覆盖了我国 30 个省（区、市），北京当月仅 5 天不是雾霾天。我国较大的 500 个城市中 99% 达不到世卫组织推荐的空气质量标准，全球污染最严重的 10 个城市，我国占有 7 个名额，全国中东部地级城市无一幸免，特别是京津沪等中大型城市。随着雾霾波及广大受众，相关的环境问题已经不能再被忽视，雾霾的爆发让公众开始重视并关注空气质量问题。

雾霾不仅仅影响了人民群众的生活环境、身体健康，也给我们带来了诸多不便，如开车限号、出门戴口罩、自备空气净化器，浪费资源不说，还不见得有效果。在面对雾霾侵袭的时候，智慧城市应该发挥其应有的作用，从而建设一个智慧、环保的现代之城。

一、城市空气污染形成的原因

（一）环保意识薄弱

在城市发展过程中人们对国家推进的可持续发展战略认识不足，城市发展规划仅仅服从短期经济发展需求，制定相关综合性政策期间根本就不考虑环境问题，常出现以牺牲环境为代价换取短期内的经济利益增长情况，盲目扩大生产，重复性建设高能耗、高污染的生产企业，各行业无序发展，做不到城市规划的统筹。

（二）能源利用不合理

我国能源消费结构中，煤炭占比较大，大部分煤炭都是未经处理直接进行燃烧的；而在正常的煤炭生产过程中对高硫煤控制力度不足，煤炭洗选率低，高硫煤产量增长过快，煤炭燃烧设备、技术、工艺水平都非常低，造成整个煤炭能源系统利用率低下，高能耗、高污染的燃烧设备大量存在。

（三）资金不足、技术落后

城市空气污染整治需要大量资金，但是受制于我国工业发展水平，基础性工业体系发展不足，其中的技术改造难度较大，国家正在推行的清洁煤炭政策针对煤炭的洗选加工、型煤、脱硫等方面的投资力度不够，远不能满足城市空气污染整治的需求；而大量的城市供暖、供气基建设施分散化也是影响城市空气污染问题的根源，不能有效采用集中供暖、供气，相应的城市空气污染管理资金落实不到位；针对性的惩罚性标准低，使得部分企业排污成本低于治理成本。

另外，相关的城市空气污染防治技术、设备、制造工艺都跟不上社会经济发展的需求，相应的研发、推广、应用工作做了不少，但是对于现实的城市污染现状改变微小，实用性的技术缺乏直接影响了城市空气污染的控制及管理工作。

（四）监管不足

国家有关环境保护方面的各项法规制度正在不断完善，但是现实情况是，仍有不少地方心存侥幸，无法做到认真管理城市空气污染问题，出现有法不依、执法不严、违法不究的现象，一方面纵容了污染行为，另一方面造成监管形同虚设。

二、城市空气污染控制及管理措施

淘汰落后产能，发展清洁能源，防治城市废气污染，逐步改善能源消费结构，提高煤炭利用效率，提高针对清洁型能源的消费占比；生产中采用新型清洁技术、工艺、材料，减少能源、资源的浪费，从根源上控制空气污染的生成。可以通过以下措施进行城市空气污染的控制和管理。

通过智慧城市的监测系统，将城市空气质量检测预报工作纳入城市信息发布机制当中，通过有关传播途径进行广泛传播，同时认真接受公众舆论监督。在污染严重区域加强城市空气质量监测，采用各种方式向公众宣讲城市空气质量对人民群众生产生活影响的程度。

对影响空气质量的企业单位进行严格管控，督促其认真做好工艺改造工作，加大环保投入，形成智慧型环保方式处理工业污染，通过智慧城市的传感器系统对相关污染情况进行监控，限制工业企业的不合法排放；同时采用环境监控预警技术，通过城市大气、水、声等环境的自动监测体系，自动采集、展示和分析数据，使城市管理者能及时准确地把握城市空气质量变化趋势，还可以在工业企业污染设施上加装传感器等监测设备，结合对排污口、企业生产过程、企业厂界空气参数的综合检测，通过城市控制中心对其实时获取城市区域内的环境监测点数据。除对重点污染企业的全过程监管外，还可以通过在指定区域制高点安装高空瞭望视频监控系统，实时监控工业企业大型烟囱，通过一系列的智能设备对影响城市空气治理的根源进行监控，从而保证"止排"的目的。

对于汽车类型的污染问题，通过智慧交通系统实施，虽说智慧交通系统不能阻止汽车排放尾气，但是可以减少尾气的排放。因为人们出行无论是寻找最短出行路径，还是根据即时路况选择最佳线路，都会降低在路上时间，从而减少尾气排放。智慧交通通过移动网络提供最佳路线信息，对路况进行监测，将所有公共交通车辆和私家车整合到一个数据库及时发现前方路线中的问题，适时进行交通数据分析和预测避免不必要的运动，降低能源消耗、尾气及其他污染物的排放，给市民提供更加便捷、安全、高效、可预测、环保的健康出行生活。

生活类型的污染问题，要在合理的城市规划框架下，对城市人口数量进行控制，针对特定区域，使用智能网络技术手段实时进行空气质量检测，并及时发出告警，提醒人群注意空气污染情况，大力推广新型技术和产品，努力从根本上解决生活类的污染问题。

在进行城市规划过程中，还要考虑城市绿化工作，因为城市绿化工作做好了，城市空气质量就能有效提高，采用生物手段进行杀菌、降尘、吸收有毒有害气体，总好过使用化学手段；同时绿化措施得体，其特有的生态功能作用，可以很好地降温增湿，调节气候，大力缓解城市空气污染现状。

为了实现国民经济的可持续发展战略，不但需要针对性地发展相应的工业，在进行社会发展的同时仍然不能忘记保护环境，否则，就是自我伤害。只有针对城市空气污染进行有效的控制及管理，才能给人民群众提供良好的生产生活环境，同时重视环境问题，努力对其进行保护和不断改善，为打造智慧型城市、环境友好型城市添砖加瓦。

第七节 文明环保在市政管理中的应用

随着我国社会的不断进步以及经济的不断发展，我国的基建工程也有了很大的发展，但是这些基建工程在施工的过程当中会存在很多小问题，因为在工程施工中，很多施工人员的文化程度都不高，所以就会发生很多不文明的情况。特别是在市政工程当中，因为市政工程都是在城市当中进行施工，这些不文明的行为就会严重影响到市容市貌，同时还会污染城市环境，所以在市政工程施工的过程当中，需要做到文明环保施工，在施工中避免光污染、水污染以及空气污染等一系列的问题，从而在保证工程质量的前提之下，还能够维持地区的环境。本节针对文明环保型施工在市政工程管理当中的应用进行研究讨论，并且提出相关的建议，以供参考。

随着经济发展，文明环保施工的理念被不断引入市政工程管理中，避免很多污染的产生，而这些污染导致城市的环境更加恶化，为城市的可持续化发展带来了危机，所以不仅仅要发展，而且在发展的同时还需要保护环境安全。

市政工程关乎城市当中的每一个人，在人们的生活当中，市政工程是随处可见的，但是很多人对于市政工程没有一个清楚的理解，只知道市政工程，但是不清楚具体做什么，以及从事哪些具体的事。市政工程其范围是比较广泛的，并且有很多种类型，是用来建造城市基础设施的工程，例如城市当中的道路、公园、铁路、桥梁以及电力等设施。所以人们生活当中是离不开市政工程的，市政工程的发展为人们提供了生活基础设施，同时也提高了人们的生活质量，以及城市发展。

一、文明环保施工概念

文明环保型施工也被称之为绿色工程，绿色工程的出现，是为了能够解决目前在发展过程当中给环境带来的污染问题，同时这也是为了满足城市可持续发展的需求。

文明环保施工是一个总体的概念，所以不仅仅只应用在市政工程施工当中，应当在所有工程当中进行推广，能够有效改善环境。施工单位需要在文明环保施工理念下进行施工，不能为了眼下的利益破坏了生态环境，造成不可估量的损失。

二、将环保理念引入市政工程管理当中的重要性

基础设施在进行施工过程中，难免会产生很多污染问题，包括材料污染、水资源污染、空气污染以及粉尘污染等方面，在这些污染当中粉尘污染对人体的伤害是最大的，它会增加 PM2.5 的含量，所以为了解决这些环境问题，就必须要将环保理念引入我国的市政工程建设当中，从而才能够改善城市环境。另外市政工程通常都是由政府来进行主导的，所以市政工程率先将环保理念引入进去，就能够起到一个很好的带头作用，如果政府能够在市政施工过程当中一直保持着文明环保施工，那么将会起到很好的示范作用，能够带动很多工程实施文明环保施工，帮助城市进一步优化环境。

三、市政工程施工过程当中存在的污染问题

（一）噪声污染

由于工程项目在施工过程当中，难免会使用到一些大型的设备来替代人们进行工作，这些设备在进行施工的时候，会产生噪声，特别是在夜间施工的时候，会给附近的居民带来很大的影响，甚至破坏居民的睡眠质量，并且这种噪声从工程开工一直到结束的时候才会停。例如施工过程当中经常使用到的挖掘机、混凝土搅拌机以及一些大型的起重器等，这些机械声音混合在一起，就会发出非常大的噪声，不仅会影响居民的生活作息，严重的还会导致一系列的疾病发生，威胁居民的生命安全。

（二）水污染

市政项目有一个很大的特点，就是大部分项目施工周期都会比较长，人员投入多。最常用的建筑材料属于混凝土，混凝土的搅拌是需要水资源的，这些水在使用的过程当中会有污水产生，场地开挖等动土作业都可能产生污水，如果这些污水没有经过一个正确的渠道进行排放，就会有可能流入到地下，将会对城市的地下水资源造成很大的污染，那么当人们饮用了这些已经被污染的地下水，轻则造成肠胃疾病，严重的可能还会导致一系列的中毒事故，甚至威胁生命安全。所以市政工程在进行施工的时候，需要积极推广使用文明环保型施工以保证城市居民的生活安全。

（三）扬尘等颗粒污染

由于市政工程在施工的过程当中，会导致尘土飞扬，影响施工场地周围的环境。而且施工当中会使用到大量的建筑材料，当这些建筑材料在粉碎的时候，会导致很多细小的颗粒物产生，因为这些颗粒物当中会有很多病毒细菌，人们如果吸入了这些病毒细菌，那么就会影响到人们的身体健康，所以市政工程在进行施工的过程当中，需要防止这些颗粒污染对施工人员以及周边居民的身体健康带来的威胁。

（四）建筑固体垃圾污染

在市政工程建设过程当中，会产生大量的建筑垃圾，这些建筑垃圾主要是在进行拆除建筑物的过程当中产生的。市政工程在建设过程当中，如果不对建筑垃圾进行处理，那么会严重损害城市环境，因为这些建筑垃圾大部分都是废弃的建筑材料，被随意乱扔，有的建筑垃圾还会有一定的腐蚀性。

四、市政工程施工过程当中污染问题的防治措施

想要解决市政工程在施工过程当中产生的环境污染，就需要市政部门以及政府人员共同努力。首先市政工程管理部门需要对分包的企业进行一定的管理。近些年来，出现了很多施工污染事故，例如，泥浆淤塞农田，尘土飞扬，这些都是由于建筑企业在开发的过程当中为了追求自身利益，而降低了施工成本，导致工程质量不合格，这样就会危及人们的生命安全，所以要避免企业为了自身利益破坏环境，就需要政府进行监督，同时还要对破坏环境的施工企业进行打击，规范他们的施工行为。

另外在进行建设的过程当中，还需要对企业的内部人员进行强化管理工作，最核心的地方就是需要培养企业施工人员的环保意识，让他们清楚地明白环境保护对于城市的发展有多么重要，只有让施工人员清楚环境保护的重要性，他们才会自主规范自身的施工行为，这样会比从外部干预有效得多。政府部门在施工场地当中要加强环保施工的理念，制定出一套文明环保施工准则，让所有施工人员遵循标准进行施工，规范施工人员的操作行为，同时加强监督管理工作，这样才能够改善环境。

（一）噪声污染的处理措施

噪声污染是整个施工过程当中持续时间最久的污染之一。在工程开始之前，政府部门需要对于噪声污染进行等级规定，提前规定好每个等级之间的分贝值是多大，然后对于每项施工的噪声污染进行控制，施工时不能够超过规定的噪声污染等级。施工队伍需要在施工过程当中严格按照相关规定进行施工操作，从而才能够减少噪声污染甚至能够杜绝噪声污染的出现。另外施工企业还可以学习国外对工程当中噪声污染的防治措施，购买先进的国外设备来降低噪声污染对附近居民的影响，同时还可以采取在施工场地周围搭建一个隔音设备，以此降低噪声的传播距离。所以在施工过程当中，施工队伍要尽可能地想尽一切办法来防治噪音污染给人们带来的影响。

（二）防止水污染的处理措施

首先施工企业需要对即将排放的污水以及废水进行分析，只有达到相关的污水排放标准才准许进行排放，另外还需要对工业废水以及废油进行处理工作，决不能让这些工业废水和废油直接排放出去，否则会严重污染附近的水源。施工人员的生活用水也需要集中起来进行处理再进行排放，用来冲刷设备机械的废水则需要经过隔油处理后再喷洒在场地或者地面上。

在市政工程施工过程当中，往往在很多地方都需要用到水资源，所以不管是施工过程当中所产生的废水，还是施工人员的生活用水，都需要进行特殊处理才能够进行对外排放，不然就会对施工场地周围的环境造成严重的破坏，同时这些污染水源还有可能会流入到农田当中，污染农作物，当人们误食了这些被污染的农作物之后，就有可能造成食物中毒。为了解决这种情况，政府需要将这些污水进行收集，然后统一排放到污水管道当中，从而进行统一处理。

（三）颗粒污染的处理措施

首先需要政府制定出针对颗粒污染的治理措施，同时施工企业也需要加强施工人员的环保意识，在进行建筑材料输送的过程当中，尽可能使用绿色环保车辆，然后使用水泥布进行包裹，这样能够有效地防治颗粒污染。同时施工场地中禁止露天摆放，以减少颗粒污染源头。

（四）选择环保材料

施工企业在进行市政工程建设的时候，材料的选择是非常重要的，在我国建设初期的时候，建设单位选择建筑材料的时候没有考虑到材料的环保性能，并且有的项目还会使用一些不符合标准的材料，这样就会对环境产生一定的影响，同时也会对以后使用的人产生健康危害，所以建筑企业在选择材料的时候应尽量选用环保性材料。并且采用环保性材料对日后建筑的拆除也有很大的帮助，将会大大减少污染。

（五）加强监督管理工作

施工企业在进行市政工程施工的时候，需要加强对工程的监督管理工作，需要确保参与施工的每位施工人员的行为符合施工规范，从而也就尽可能地避免由于施工人员的失误造成的环境问题。

同时由于目前市政工程关乎人们的贴身利益，其自身好坏每时每刻都在影响附近的居民，所以尽管随着时代的进步，建筑施工水平以及工艺都得到了很大的进步，但是市政工程企业要想实现环保型施工，就必须发现自身的不足，进行改进，还需要加强施工的监督管理，为环保型施工做出贡献。

综上所述，在工程建设过程当中加入了环保理念虽然会增加施工成本，但是就城市的长远发展来看，有着很大的好处，不仅仅有利于人们的身体健康，同时还能够维持城市的可持续发展。

所以不仅仅是在市政工程当中加入文明环保型施工的理念，还需要在各项工程当中进行推广应用，这样在城市经济发展的同时，还能够对城市生态环境进行保护工作，起到维持生态平衡的作用。

市政主体作用于市政客体及其过程，广义的市政是指城市的政党组织和国家的政权机关，为实现城市自身和国家的政治、经济、文化和社会发展的各项管理活动及其过程，狭义的市政是指城市的国家行政机关对市辖区内的各类行政事务和社会公共事务所进行的管理活动及其过程。国内外许多学者从政治学、行政学、城市管理学等多种角度，对市政这个概念进行分析和定义，主要有城市政权说、城市行政说、城市事务说、城市政策说等许多不同或不完全相同的解释。

第五章　市场经济与城市形象管理

第一节　城市形象管理的内涵

　　城市形象管理日益成为城市管理科学关注的一个重要课题，城市形象管理的内涵、原则及程序成为要解决的首要问题。城市形象管理是城市管理者组织相关人员对城市的现有条件进行分析、提炼、组合、优化，使城市在全省、全国乃至全世界获得知名度、美誉度，获得良性发展的活动。进行城市形象管理要坚持以人为本、因势利导、科学统筹的原则，成立城市形象管理领导机构、调研城市形象构成要素现状、进行城市形象定位、设计城市形象、进行城市更新管理、进行城市形象传播与营销、进行城市形象评估、根据评估结果和时代需要适时调整城市形象是城市形象管理的一般程序和步骤。

　　城市形象的管理对城市经济的发展有着莫大的意义。有鉴于此，近年来城市形象管理日益成为城市管理科学关注的一个重要课题，但是少有学者对其进行系统的梳理，本节拟以城市形象管理的内涵、原则及一般程序为研究对象略申拙见，望能抛砖引玉。

一、城市形象管理的内涵

　　城市形象管理是城市管理者组织相关人员对城市的现有条件进行分析、提炼、组合、优化，使城市在全省、全国乃至全世界获得知名度、美誉度，获得良性发展的活动。城市形象管理这一概念应包含：①管理主体是政府；②管理对象是构成城市形象的各要素及其组合；③管理内容是调查分析城市的现有条件、提炼最精华的优势，据此进行城市形象定位，然后根据这一定位把城市各要素组合、优化，塑造出崭新的城市形象；④目的和意义是使城市在全省、全国乃至全世界获得知名度、美誉度，最终使城市得到良性发展。

二、城市形象管理的原则

（一）以人为本原则

　　"以人为本"是现代管理伦理的核心，是指管理必须以人为"根本"，关注人的生存，关心人的思想、感情、需要，重视人的发展。城市形象管理要坚持"以人为本"原则，这意味着城市形象管理者不能一味追求城市美化、亮化，不能为了塑造形象而牺牲居民利益，忽略公众需要与城市形象的和谐统一，要为城市居民营造一个适宜居住、可持续发展、人民生命财产能够得到安全保障的文明健康的城市。

（二）因势利导原则

因势利导是指顺着事情发展的趋势导向正确道路。城市形象管理坚持因势利导原则，须根据城市现有条件进行城市形象定位、设计、塑造、传播、营销、调整。脱离现实过分拔高建设会给整个城市带来巨大的负担，完全丢弃现有资源另行塑造会造成资源的严重浪费。

（三）科学统筹原则

科学统筹是指科学地、统一地、全面地筹划、安排。城市形象管理要坚持科学统筹原则，要关注城市形象建设的各个方面、统筹城市形象建设的全过程，既关注城市发展的过去与未来，又关心城市的经济、文化、社会功能，科学规划、合理安排，使城市形象塑造既保留传统文脉，又展现时代风貌，独具地方特色。

三、城市形象管理的一般程序

（一）成立城市形象管理领导机构

为保证城市形象管理工作的顺利进行，我们必须集中各领域专家的智慧，协调好政府各行政管理部门的关系。因此，我们必须首先成立以地方政府首脑牵头、各相关行政部门和专家共同参与的城市形象管理领导机构，如建立以市长为组长，以政府办公室作为其办事机构，以城市精神文明办公室、城市社区管理办公室、城市其他各委办局首脑和地方院校专家为成员的城市形象管理领导小组，这一领导小组必须按照民主、集中的原则，对城市形象管理过程中的重大事项进行分析、论证和决策。

（二）调研城市形象构成要素的现状

每个城市都有自己独特的历史背景、地理状况、文化背景、硬件状况（包括城市标识、城市规划、城市建筑、城市景观、城市市容等）、软件状况（包括历史文化、现代文化、民间文化、地域文化、政府形象、企业形象、市民形象等）。要想找准城市优势、避开劣势，必须大量占有现有城市形象构成要素的资料，并在此基础上进行认真的分析、研究，为后续工作做好准备。对城市自身历史、品牌形象现状和未来发展趋势进行深入细致的调查研究，是正确塑造城市品牌形象工作的第一核心步骤。

（三）进行城市形象定位

城市形象定位是指从城市长期发展战略出发，在充分挖掘城市形象资源优势的基础上，把城市的历史、现状和未来发展方向紧密结合，对城市形象建设的目标和方向进行定位。城市形象定位要充分体现城市建设与发展的一般规律和趋势，注重其整体风貌特色，既要符合时代要求，还要体现城市未来的发展前景。城市定位体系包括资源定位、产业定位、功能定位、属性定位、综合定位等五个方面。城市资源环境是存在、发展、竞争和发挥作用的基础，包括自然资源，也包括人文资源、物质资源、精神资源。根据轻重缓急不同，城市产业定位一般分为主导性产业、前瞻性产业和辅助性产业。功能定位是指城市为实现最大化收益，根据自身条件、竞争环境、消费需求等及其动态变化，对确定自身主要发挥作用和担负任务的主要领域、空间范围、目标位置做出战略性安排。城市基本属性定位是对城市各方面属性的定位，包括城市性质、城市规模、城市质量、城市结构等的定位。城市综合定位是在各种具体属性和部分定位的基础上，通过全面与重点的综合进行的概括和提炼，包括城市总体目标、城市核心理念、城市的视觉形象。产业定位是基础，功能定位是核心，综合定位是灵魂。各城市应根据自身情况选择恰当的定位方式。

（四）设计城市形象

在对城市现状做充分考查的基础上，慎重地进行城市形象定位并根据形象定位进行设计，是城市形象塑造中非常重要的环节。城市形象塑造要以科学发展观为指导，以突出特色、注重实效、适当超前为原则，从改善人居环境、提高城市的综合质量出发，结合城市在城市性质、城市文化、城市规划和发展战略等方面的不同特点来进行设计。第一，设计城市的理念要素。在城市形象定位的基础上，汇集各方面意见，确定城市发展战略、城市发展口号、城市发展规划等城市理念要素。第二，设计城市的理念名称。准确、简练、有震撼力的名字有利于让人记住和传播城市的理念和形象。因此要用能够突出城市内涵的易读易颂的文字来形象地表达设计的内涵。第三，设计视觉识别体系。先由城市形象管理领导机构确定城市形象设计机构，然后由选定的设计机构设计城市市名、市徽、市花、标准字（色）、标识、规划、建筑、景观、市容等具有视觉识别功能的内容。第四，设计行为识别系统。组织专家根据城市理念内涵设计公务员行为规范、企业行为规范、居民行为规范等要素，提交城市形象管理领导机构讨论通过。

（五）进行城市更新管理

"城市更新"是 20 世纪 50 年代在西方发达国家城市管理领域提出的一个概念，现已逐步地被国际社会广泛接受。城市更新包括两方面内容：一是城市客观物质实体（建筑物等硬件）的拆迁、改造与建设；二是生态环境、空间环境、文化视觉环境的改造与延续，包括社会网络结构和心理定式。城市更新管理的核心是通过公平公正地调整好社会各阶层群体的利益关系，损毁消耗最少的物质财富和文化财富，按照城市形象设计的内容和要求，进行城市形象塑造。

（六）进行城市形象的传播与营销

通过各种手段与方式，把城市形象传送到城市内外的社会公众心目中，以扩大城市的知名度和影响力，从而增加城市的无形资产，提高城市综合竞争力的活动。城市要很好地生存和发展，必须积极主动地进行城市形象传播，使一个城市的良好形象以最快的速度、最便捷的形式扩散到广泛的社会大众中。城市形象的传播模式建设，对城市形象在广大群众心目中的塑造起着举足轻重的作用。一般而言，城市形象传播可以采取品牌传播、体育传播、事件传播、名人传播、城市定位传播、知名企业传播、会展传播等传播模式。

（七）进行城市形象评估

根据城市形象建设的目的和要求，对城市形象建设的效果和成败因素进行分析、评价的活动。进行城市形象评估一般采取如下方法和步骤：第一，评估人员的选择是评估效果与质量的保证。评估人员主要有两类人选：内部人员和外部专家。内部人员非常了解情况，可以较快地做出有效的评价，并且不需支付评估费，但由于是"自己人"，评估时主观色彩比较浓。外部专家作为"局外人"，容易得出"客观、公正、实事求是"的评价，而且由于专家有权威性，其评价结果容易使人信服。但外部专家作为评估人员有可能因为对城市情况了解不深刻，使评估结果受影响。同时专家的"评估费"也是笔不小的开支。第二，收集原始记录。①城市自我记录。这主要指从事建设活动的人员所进行的记录。城市形象建设实施人员应对自己工作过程中感受到的城市形象塑造优缺点、改进途径进行记录、整理，领导机构应该在城市形象塑造工作告一段落后召开大会予以汇总存档。②公众舆论的反映。主要包括：一是城市人员主动在媒介上发布的关于城市形象建设评论的信息；二是大众传播媒介自动登载、报道转载的一些关于城市形象建设的消息、报道等。③目标公众的反馈。城市形象建设的目的是内聚人心、外树形象，最终为城市的经济增长服务，其实施情况如何，最公允的评价者应该是目标公众。城市形象管理领导机构应通过各种可能的手段收集到城市的目标公众对城市的印象与评价，比如通过宾馆请旅客填写调查表等。第三，归纳分析城市形象塑造的不足之处与改善途径。评估人员将大量繁复、零碎的原始资料归类、整理，认真比较预期与实际实施效果之间的差距，寻找发生差距的原因。通过比较，评估人员可在大量原始记录和数据中，仔细搜索和考查发生差距的原因，撇去主观人为因素的影响，更多地从客观的角度去审查原因的产生。这样，从中提出的看法会更有助于今后活动的改进。第四，得出评估结论。一般来说，评估结果往往要形成评估报告。评估报告的重点在于对评估结论的提出，即以事实说话，同时评估报告必须提出一些有建设性的意见，供决策者参考。归纳城市形象塑造实施的实际效果，找出塑造过程中存在的问题，探寻产生问题的原因，对原因进行切实的分析，进一步提出克服缺欠的办法，是评估报告必须包含的四个部分。

（八）根据评估结果和时代需要适时调整城市形象

城市在两种情况下需要进行城市形象调整：一是城市形象评估的结果与建设初衷差距很大；二是随着时代和城市经济社会的发展，原来的城市形象已经不适应城市的需要。城市形象评估是城市形象建设的最后一个步骤，但又与新的形象建设的开拓首尾相连，是新的城市形象活动的调查与分析阶段。城市形象管理机构应根据评估报告组织相关力量对城市形象塑造中出现的问题进行修正，以符合城市形象塑造的初衷或比原来更进一步。

随着时代的变化，原来的城市形象定位极大地推动了城市经济的发展，使人们的需要得到极大的满足。城市发展到一定程度后会催生许多新需求，同时这一城市在周边城市中的地位会发生改变，这就需要城市在原有基础上重新定位、调整，使新形象更适应城市的发展和居民生活质量的提高。

四、国外城市形象研究的进展与观点

通过分析文献发现，国外学者对城市形象的定位方法和传播策略给予了高度重视。主要观点如下：

（一）城市形象定位研究

随着城市竞争的白热化，各个城市必须以与众不同的城市形象定位才能塑造出有特色的城市形象，才能为城市获取丰厚的效益回报。总结研究文献，国外的城市形象定位主要有以下几种类型：

1. 会议型城市形象定位

会议城市的形象定位是近年来的一个研究热点。美国学者 Laura G.Jetter 和 Rachel J.C.Chen 提出，"以往的观点认为大型城市或者国家才适合会议型城市的定位。事实上，无论大型城市还是中小型城市都有可能发展为会议城市。城市面貌是一个城市能否选为会议地点的重要指标，并且已经成为各个城市用来体现城市实力的重要方法。"当前，美国的会议经济呈现较好的发展势头，不仅展会面积迅猛增长，与会人数以及由会议所吸引的游客数量也不断增加，这些举行展览和会议的城市所获取的经济收益是非常可观的。各大城市已经逐渐意识到：城市特点在会议城市的选址中作用明显。其中，城市面貌是决定会议城市选址的重要因素，城市面貌的优势和缺点直接影响着会议城市的形象传播力。作为可以直接被游客感知的城市形象要素，城市面貌是判断会议城市是否合适的重要指标。除了城市面貌特色之外，酒店、餐馆、会议中心、航空运输、当地交通、名胜古迹、消费力、社会安全和气候条件都是评定一座城市是否有资格被选为会议城市的标准。

2. 文化型城市形象定位

近年来，文化活动成为提升城市形象、改善城市生活以及重新赋予人们故乡荣誉感的一种手段。很多城市借助一些大型活动或者节事活动来展现城市的文化特色。在大型活动或者节事活动的开展过程中，城市管理者还重视城市形象的改进和提升，并将活动效应扩展到整个城市的形象推广之中，这被称作是"光圈效应"或者"展示效果"。

借助大型活动的举办时机让城市经济重新焕发活力，建造更多的基础设施，提升城市形象，已经成为很多城市管理者的经营诀窍。一些关于城市形象及旅游业发展的研究已经证明：开展各类活动是城市塑造形象的有效手段。比如 Greg Richards 和 Julie Wilson 在2004 年对鹿特丹 "2001 年欧洲文化之都" 的研究显示：经过这次 "欧洲文化之都" 活动，鹿特丹的城市形象更加鲜明，在欧洲游客眼中文化之都的地位开始上升，虽然鹿特丹仍位居伦敦、巴黎之后，但是和安特卫普和格拉斯哥缩进了距离，很多受访者将鹿特丹视为文化旅游必去之地。

大型活动是一个建造地标的重要平台，相比于其他传播手段，举办大型活动能够获得媒体的高度关注，并催生城市的"节日化"以及"节日市场"的萌生。当下，利用文化活动来营造城市形象，促进城市发展并吸引来访者和投资商，已经成为一种主流的城市形象传播手段，各城市也在这种策略的贯彻中看到了可观的效益回报。Carl Grodach 于 2008 年提出文化旗舰项目是发展城市旅游经济、提升城市形象的重要手段，他以美国洛杉矶的现代艺术博物馆 (the Museum of Contemporary Art) 和旧金山的现代艺术博物馆 (the San Francisco Museum of Modern Art) 作为研究对象，认为这些文化旗舰项目具有很强的催生能力，不仅可以培育本地艺术界的能力，还能建设该城市的艺术社区和文化经济区，繁荣当地的旅游业，丰富城市形象内涵。Garcia 的研究表明，以节日活动来开展城市旅游策略有利于吸引游客以及培养潜在移民。除此之外，学者 Harvey 更是认为借助重磅事件带来持续增长的消费营业额，是值得城市管理者关注的一种策略，也是城市形象传播领域的一个发展趋势。

3. 体育型城市形象定位

当前，许多国家采用国家体育政策。国家体育政策明确把重大体育赛事的举办作为国家的一项重要发展目标。事实上，奥运会、世博会和其他一些体育赛事的确为一些城市带来了发展契机。通过举办体育赛事，能够为东道主城市带来各种利益回报，比如城市体育遗产利益、旅游形象利益、社会文化利益以及直接的经济利益。体育赛事越来越被看作是一个有效的城市形象推广战略，这个战略旨在提高城市的总体形象。赛事形象经常与举办城市的形象关联到一起，大型体育赛事总是与城市再生和旅游发展相联系。重大赛事的成功举办可以为东道主城市提供一个新的识别符号。就其主办城市的长远经济效益和社会影响而言，抑或是直接效益和间接效益，重大体育赛事的举办都被证明是一种有效的城市形象传播手段。体育赛事拥有为城市带来经济回报的巨大潜力，并为政府在体育产业中的投资带来社会回报。比如奥运会就被公认为是城市的经济发展和城市形象的增长机器，并且帮助举办城市在全球舞台上树立鲜明的城市形象。体育与体育文化，还被视为政治力量的增长机器。当然，关于赛事的效益回报问题，Chris Gratton，Simon Shibli 和 Richard Coleman 于 2005 年指出，无论欧洲还是北美，都曾对赛事的效益回报提出质疑，为此作者提出需要建立赛事为城市带来长远利益和全面利益的评估体系，并能够充分发挥体育赛事对城市形象提升的功效。

4. 美食型城市形象定位

地方特色美食与城市形象的关系已经被很多研究者关注。美食之旅，因美食而去一个地方旅行，在许多国家已经成为一种潮流，城市之旅与美食之旅的相关性越来越高。研究发现：美食是旅行者的一个激励因素。许多拥有知名美食的城市正在将他们的菜肴变为独一无二的产品，并实现资本化运作。调查显示：美食被认为是城市有效增进形象影响力的工具。Rimmington 和 Yuskel 关于土耳其城市形象和土耳其美食的研究也发现：美食是旅客选择土耳其旅游的一个非常重要的原因。食物作为一个重要的城市形象感知要素，直接影响着游客的满意度。美食不仅是游客的基本需求，也是能直观地展现目的地文化的重要元素。Hu, Y. 和 Ritchie J. 强调，美食和气候、住宿以及风景一样，都是吸引游客的重要动因。今天的"美食之旅"市场正在稳步增长，它不仅是吸引游客的重要因素，也是推动城市旅游经济增长的要因。游客在旅游中，食物上的花费占到全部旅游预算的40%。2004年的餐厅和餐饮市场调研手册指出，50%的餐馆的收入是旅行者带来的，这揭示了食物和旅游产业之间的共存关系。更加重要的是，食物已经被公认为是城市有效促销和定位的工具。随着人们对当地美食不断增长的兴趣，更多的城市关注食物，将美食作为他们的核心旅游产品。Hobsbawn 和 Ranger 于1983年建议：以口味和质量高度闻名的美食可以被发展为旅游产品。比如，法国、意大利和泰国素来以美食佳肴闻名，并促进了这些国家的旅游业，提升了城市形象和国家形象。Shahrim AB Karim 和 Christina Geng-qing Chi 在2010年通过对法国、意大利和泰国三国美食与城市形象推广的实证研究提出：游客的选择决策更多地受到不同种类的信息来源的影响，成功的美食旅游地的形象推广，不仅与美食佳肴及其相关的旅游活动有着密切的关系，相关的餐饮服务也是非常重要的影响因素，如餐厅的种类、合理的价格、友好的服务以及是否有英语菜单等。

（二）城市形象构成要素研究

游客对旅游目的地形象的感知，直接影响着游客对旅游地的评价，并且还影响着游客对旅游地的选择决策。而总体的城市形象塑造还需要各方面的整合运作，以塑造一个鲜明而有影响力的城市形象。下面对城市形象的构成要素进行归纳和总结：

1. 政府形象

Janda 和 Rao 提出：人对城市的感知，通过以等级结构体现出人对国家的感知。国家和政府的形象影响着受众对于城市形象的感知。比如以国家名义发起的大型活动，可以为城市形象的塑造和传播提供直接或间接的效用。举办国际性活动如奥林匹克比赛，会产生有形利益，如经济增长、旅游收入和就业机会的增加；也会产生无形利益，比如国家形象的传播和国际地位的提升。2010年的悉尼奥运会的调查研究显示：11000个去澳大利亚的国际游客里面有88%的人去过悉尼奥运会，这些游客表示还有再次去澳大利亚的意向，受奥运会延伸效应的影响，游客选择澳大利亚作为旅游地的意向比举办奥运会的前十年提升许多。

另外，作为政府信息发布平台的城市官网，也为受众提供了更具信服力的信息搜索工具。城市官网在满足目标人群消费的衣食住行的相应服务外，还能将城市形象内涵设计成城市视觉传播符号，政府应该有效地利用政府官网来塑造和传播城市形象。政府官网是传播城市形象的平台，赋予城市以更深厚的发展实力和机会去展现城市形象，挖掘城市潜力。

2. 资源形象

城市能否给受众留下深刻的印象，影响着受众对城市形象感知的效果，这对于城市形象塑造至关重要，而在理论上，具有强烈象征意味的景观能够有效地作用于旅游目的地的形象感知当中。游客的认知以及旅游目的地的资源质量影响着游客的决策。旅游目的地资源与认知因素的结合可以有效地提升和强化游客对旅游目的地总体形象的感知，并影响游客对当地及当地旅游产品的态度。每个城市都拥有较为独立的城市资源，包括自然景观、文化和历史古迹等，将资源中具有独特城市印记的部分加以整合，使之成为这个城市的代表性符号，可以有效地推动整个城市旅游市场的发展。例如随着游客对当地饮食兴趣的增长，许多目的地都集中将美食作为他们的核心旅游产业，将其发展为旅游产品。还有一些城市重视挖掘历史资源，比如中国的古都西安、意大利的古都罗马，不仅有悠久的历史古迹建筑，还有丰富的人文景观，既吸引着大量的游客，也丰富了城市的文化内涵。

3. 居民形象

Merrilees，B.，Miller，D. 和 Herington，C 指出居民应该被视为一个"偶尔的旅游者"，居民享受旅游设施时和游客是同样的心态，包括餐馆和主题乐园等。Ryan 和 Montgomery 所做的一项实验支持了这一想法：大多当地居民都会提到，"时不时，我们也是旅游者"。Schroeder 认为当地居民的形象对于其所在社区是非常重要的，当地居民影响到政府对旅游业发展政策的支持程度，当地居民还可以直接提供给旅游者信息从而发展潜在旅游者。Haywantee Rankossoon 和 Robin Nunkoo 以理性行为理论为基础，提出了城市本地居民对于旅游业影响的基本框架，指出旅游业政策应该致力于提高居民素质，提升居民对城市形象的认可。原因是：如果居民对城市环境有正面认知，他们更能展示积极的形象，这对于城市总体形象的提升是有帮助的。Bramwell 和 Rawding 指出：重视当地居民可以提高居民对所在地的归属感和自豪感，推动他们致力于当地的志愿者活动，提高他们对城市文化的忠诚度，动员他们维护本土传统文化，为保护自然风景和历史名胜增添力量。

4. 游客形象

形象是一个相对的概念，因为客观的信息和事实已经被客观的观点和判断所取代。因此，个体间的看法可能是不同的。但是不同的个体相互叠加，就变成了总体的客观存在。游客的个体特征同样影响着旅游地形象的形成，这些特征既包括心理上的特征，如动机、价值观念、个人品质和生活方式等；也包括社会人口特征，如性别、年龄、文化教育程度、社会阶层和居住地等，以上特征都影响着游客对旅游地形象的预设想。目的地形象属于认知领域的课题，它描绘了关于目的地的主观判断和情感。个人的不同需求、动机、知识储备以及其他性格特征也影响着旅游地的形象。因此，旅游地形象的形成不仅与旅游地本身的条件有关，同时也与游客的个性特征有关。

（三）城市形象塑造与传播研究

1. 城市形象塑造研究

将城市视为具有独特性品牌的观点，在众多学者的研究中得到肯定和发展。美国学者 Safak Sahin 和 Seyhmus Baloglu 认为强势的品牌形象可以使得自身产品在竞争中取得竞争优势，也可以让顾客在众多可替代品中更加容易认定该品牌的产品并且建立信任；品牌还可以增加顾客对于产品的感知价值。品牌形象感知是消费者对于该品牌或者标有该品牌名称的产品的认知。Freling 和 Forbes 则运用实证研究方法探讨了品牌个性对消费者行为的影响，他们发现品牌特性对品牌价值具有正面的推动作用，如果消费者面临的产品具有强有力、积极的品牌个性特征，他们则更有可能对这些产品产生好感。如 Siguaw 和 Mattila 用 Aaker 创立的品牌个性量表来测试餐厅品牌的形象传播问题，该研究发现"树立一个良好的品牌个性与增强消费者的偏好、惠顾度、情感寄托、信任与忠诚有着联系"。一个强大而又积极的品牌个性可以引导消费者建立更强大、有利、独特而强烈的品牌联想，从而增加品牌资产。StephenYiu-wai Chu 和 Simon Shen 在各自的研究中探讨了香港的品牌形象该如何定位，这两项研究对香港城市品牌形象进行了深入分析，给我们展示了品牌化的城市形象对于城市发展的重要意义。

2. 城市形象传播策略研究

今天的顾客在做出购买决定之前大多会在大数据中寻找有效信息。寻找信息是旅行者决定度假或旅游活动的必经环节。消费单价较高的旅游产品则要求更深入的信息搜索行为，如境外旅行产品。很显然，在选择城市作为旅游目的地时，旅行者一定会寻找与旅游目的地相关的信息，然后在对比分析的基础上做出购买决策。因此，游客在实地旅行之前通常是在各种媒介信息的基础上来建构对目的地的印象。有价值的媒介信息可以引导和帮助消费者做出决定。旅游产品的成功高度依赖于为消费者提供的信息类型。

在网络传播时代，城市形象的信息传播方式更加立体，传播视角也更加直观。受众可以通过更多的媒体形式获取信息。信息使用的类型影响着客户的决策过程。旅游目的地的信息可以通过各种渠道呈现给受众。Kotler 和 Armstrong 将信息来源分类为：(A) 个人信息来源：如家人和朋友，或者观察和产品测试；(B) 商业信息来源：如销售人员和营销传播；(C) 公共来源：包括印刷媒体，如杂志和报纸。Mathieson 和 Qing 将信息的来源分为两类：正式的和非正式的。正式的信息来源主要是各种传播媒介，包括广告。每一种形式的信息来源有一个特定的目标以向个人群体传达消息。而非正式的信息来源与口碑类似，尤其是来自家人和朋友或其他有去过经验的游客。Preiss 和 Fick 证实：在他们的研究中近 91% 的受访者在做最终决策时受到非正式信息来源的影响。

Laura Kolbe "关于中欧地区首都城市的形象解析"一文，即是以选取城市的维基百科介绍作为研究样本进行内容分析。来自土耳其的学者 Nahit Erdem KÖKER 和 Aylin GÖZtas 在研究城市的官方网站与城市形象关系时发现，这些城市官方网站所发布的信息和全球

城市品牌指数 (The Anholt - GMI City Brands Index) 成正相关。美国学者 Neha Singh 和 Myong Jae Lee 认为在网站和宣传册上描绘的城市形象定位要与事实上的城市形象定位一致，一致的信息影响着游客的城市认知和对旅游地的忠诚度。多样的信息传播方式给予受众更多的信息来源和选择方式，这些传播方式的扩展也使城市可以在更大的范围传播城市形象，而面对这些传播方式，城市形象管理者应该更谨慎、更有效地进行信息的整合传播，使信息资源得到高效利用。

3. 城市形象的表达与接收机制研究

国外学者对城市形象领域的研究既关注城市形象传播理论，也关注城市形象传播实务。当前对城市形象的研究主要分成"概念派"与"评估派"。"概念派"主要是将环境中已认知的元素加以分类；而"评估派"则主要考虑感受、价值以及意义，又或是对一个地区的"感觉"。

城市形象的提升可以通过使用视觉隐喻和其他图形修辞的形式。大多数社会理论学家认为：个体以及各类形式的公共或私营机构运用图像符号作为城市文化的象征，旨在影响消费者行为，或打造自身的品牌知名度。当前，城市形象的塑造已将重点放在文化符号的输出上，文化符号的输出影响着游客的消费行为及城市品牌意识的建立。在一些研究文献中，城市的居民形象也被视为影响城市形象的重要因素，居民形象也是认知城市形象的重要接触点。

依靠各种活动建立鲜明的城市形象，也是非常重要的传播方法。这些活动包含城市的各种形象特征，如自然环境、娱乐活动、购物、餐饮、商业创造力、社会资本、社会关系及黏合度、文化特色及包容度、合作互动等。

（四）城市形象与城市发展的互动研究

1. 城市形象与游客满意度研究

受众对城市形象的认知影响着他们的城市喜好度和城市消费行为，所以城市管理者要对城市形象进行评估分析，认清发展优势和劣势，以敏感的洞察力来把握游客的心理需求和行为意图，促进旅游目的地的发展。旅行目的地的形象研究大多集中在游客对于特定旅行目的地的形象认知和对该地区的心理描绘上。目的地的形象构成是综合性的，包括认知、情感与行为等方面。目的地形象的塑造和传播是影响游客决策的关键点。当游客对目的地持有较为积极的看法和印象时，他们更有可能选择这个目的地。目的地的形象影响着游客的娱乐体验、满意度和未来的消费行为。另外，一些观念性的文化旅游目的地通过向游客展示本地的文化特色而增强游客的印象。Prebensen(2007) 在论述游客对远距离目的地的印象时提出：在旅游目的地发展成为旅游胜地的过程中，这种潜在的文化形象特征将成为富有竞争力的旅游品牌形象不可或缺的要素。

2. 城市形象与社会经济发展的互动研究

城市形象的塑造对于城市的经济发展具有重要的影响，关于这一点学者已经达成共识。

城市形象有利于吸引外资，促进旅游业的发展；还能促进社区发展，提高当地文化的识别性和传播力。Dos Santos 与 D'Acosta 共同研究了 1998 年里斯本世博会为城市带来的形象效益，研究发现超过 3/4 的游客认为该项活动不但提升了里斯本的城市形象，更提升了整个葡萄牙的国家形象。Pazoko 和 Raz 在研究布达佩斯新年活动对城市形象的影响时发现：参观过布达佩斯新年活动的游客的城市好感度比没有参观过的人高得多。

第二节 城市形象管理的为与不为

当前，在城镇化快速发展的大好形势下，我国一些地方出现了大拆大建、历史文化遗存消失、城市面貌千篇一律、店铺招牌整齐划一等问题，引起了社会各界的关注和忧虑。从表面上看，虽然这些现象是城市形象管理的孤立事件，但其背后体现的却是地方城市发展观、财富价值观和政府政绩观等方面的问题。这些深层次问题是新时代推进城镇化高质量发展必须要坦然面对的，对此，我们要拿出系统的解决方案。

一、新时代赋予城市形象全新的科学内涵

中国特色社会主义进入新时代，习近平总书记就城市规划建设管理工作多次发表重要论述，国家有关城镇化的规划建设管理方针政策也逐步出台，对加强城市形象管理具有重要的指导意义，具体可以归纳为以下五个方面。

一是以人为本。习近平总书记多次强调，要坚持"以人民为中心的发展观"。《国家新型城镇化发展规划（2014—2020 年）》体现的核心要义也是"人的城镇化"。二是低碳绿色。习近平总书记高度重视生态文明建设，明确提出"绿水青山就是金山银山"，强调"城镇建设，要实事求是确定城市定位，科学规划和务实行动，避免走弯路；要体现尊重自然、顺应自然、天人合一的理念，依托现有山水脉络等独特风光，让城市融入大自然，让居民望得见山、看得见水、记得住乡愁；要融入现代元素，更要保护和弘扬传统优秀文化，延续城市历史文脉；要融入让群众生活更舒适的理念，体现在每一个细节中"。三是智慧管理。习近平总书记明确要求，要"以推行电子政务、建设新型智慧城市等为抓手，以数据集中和共享为途径，建设全国一体化的国家大数据中心，推进技术融合、业务融合、数据融合，实现跨层级、跨地域、跨系统、跨部门、跨业务的协同管理和服务"。2015 年中央城市工作会议提出，"要加强城市管理数字化平台建设和功能整合，建设综合性城市管理数据库，发展民生服务智慧应用"。四是文化传承。习近平总书记指出，"历史文化是城市的灵魂，要像爱惜自己的生命一样保护好城市历史文化遗产"。五是共享发展。国家"十三五"规划纲要明确提出，"必须坚持发展为了人民、发展依靠人民、发展成果由人民共享，做出更有效的制度安排，使全体人民在共建共享发展中有更多获得感，增强发展动力，增进人

民团结，朝着共同富裕方向稳步前进"。

这五个方面的要求赋予了城市形象管理全新的科学内涵，是指导新时代城市形象管理工作的基本准则。但是，当前我国一些地方的实际做法离党中央的要求还有很大差距。比如：一些城市过分强调经济增长，对社会建设、环境保护和民生事业不够关注，导致城市功能失调；大城市农业转移人口市民化进程缓慢，做不到基本公共服务常住人口全覆盖；一些城市传统历史文化脉络趋于消失，"千城一面"的现象愈演愈烈；等等。

二、对城市形象的科学认知不应出现偏差，不能违背"以人为本"的原则

城市的本质决定了"以人为本"是衡量城市形象的基本要素。人是城市建设的主体，城市的一切经济社会活动都是为人民服务的。脱离了人民，城市就会成为一座毫无生机的"鬼城"。正因为如此，宜居、宜业、宜购、宜娱、宜养被认为是城市的基本功能。如果一座城市让人们住得很不舒服，那么这座城市就会得到人民群众的"差评"。古往今来，凡是在人们心目中留下良好印象的城市，无不是很好地满足了人们生产生活方面的需求，并且让人们流连忘返。可见，"以人为本"是衡量城市形象的基本要素。

一切违背"以人为本"原则的行为都会对城市形象造成负面影响。"以人为本"不是一句空话，而是体现在城市精细化管理的方方面面。改革开放至今，我国城市建设日新月异，各种现代化设施层出不穷，在满足人民群众基本物质需求方面进步明显，得到了世人的广泛赞誉。但是，在满足人们高层次精神需求方面还有较多的不足。我国城市管理理论起步较晚，精细化管理尚没有落实到具体行动上，加之历史遗留问题较多，导致一些地方出现了违背"以人为本"原则的行为。比如，城市大规模单一功能区建设导致的职住分离现象，城市旧城改造导致的传统邻里关系割裂现象，城市道路设计不合理导致的过马路难以及交通拥堵现象，等等，都违背了"以人为本"原则，给城市形象管理造成了负面影响。

三、厘清政府对城市形象管理的权力边界

新时代加强城市形象管理越来越重要，但这并不意味着政府可以"包打天下"。城市形象管理涉及方方面面的工作，利益关系错综复杂，需要政府部门与社会公众协同合作。

一方面，政府对城市形象管理的权力边界不能无限放大。城市形象怎样，每个人基于自己的感知可能会有不同的判断。举例来说，对于环境污染、交通拥堵、社会治安恶化等问题，每个人都可能成为受害者或者受益者，政府对这些领域进行管理不会引起人们较大的反对。但是，也存在一些领域，比如建筑造型、灯箱广告牌匾形式、室内装饰设计风格等，由于每个人审美观不同，会有不同的结论。因此，只要不违反国家相关法律法规，不损害其他人的利益，就应该允许其存在，政府不应该对其进行过度干预。

基于以上认识，我们可以把城市形象管理领域划分为两种类型。一种是对全体人民都

有影响的领域，即如果不加以控制，就可能会损害全民利益；如果不加以鼓励，就不会让全体人民受益。在这种情况下，政府应该行使公权，加大管理力度。另一种是对部分人群有影响的领域，即政府如果动用公权进行干预，可能会损害部分人群的利益，同时无助于增加其他人的福利；政府如果选择不干预，则可能使部分人群受益，但并不会损害其他人的利益。在这种情况下，政府应减少干预。

总之，合理划分公权、私权边界，给公权、私权各自发挥作用的空间，将政府公权限定在特定领域，保障全体人民公共利益最大化，有助于调动人民群众的积极性和创造性，促进街区景观的多样化以及视觉效果的艺术化，实现城市的个性化发展，避免"千城一面"等现象的发生。

另一方面，政府权力越位或缺位必然会导致城市形象管理出现问题。政府权力越位，表现出的是"政府管了不该管的事情"；政府权力缺位，表现出的是"在该管的事情上，政府没有管或者没有管好"。实践中，城市形象管理出现问题的主要原因就是政府权力越位或者缺位。比如，令人忧虑的"千城一面"现象，规划方案是政府审批的，土地征用和出让手续是政府办理的，开发商是政府通过一定程序选择的，建筑商的施工资质是政府颁发的，工程竣工验收是政府通过的，因此，政府自然脱不了干系。在城市规划建设管理的过程中，政府没有给社会留有充分发挥作用的空间，人民群众的积极性和创造性没有有效发挥出来，就会导致"政府权力越位"现象出现。再比如，屡屡爆发的环境污染问题和食品安全问题。法律法规不完善、有法不依、选择性失明、从轻处罚、问责不够等，为环境污染制造者和食品安全问题制造者提供了违法违规的条件。这种现象说明政府公权覆盖的领域还有"缝隙"，属于"政府权力缺位"现象。

四、新时代加强城市形象管理要掌握两个基本原则

新时代加强城市形象管理具有重要的现实意义。首先，城市形象管理是城市高质量发展的重要保证。我国的城镇化已步入由粗放型发展向高质量发展转型的重要阶段，按照党中央的要求重塑城市形象，切实转变粗放型发展的价值观和政绩观，对城市高质量发展具有重要的保障作用。其次，城市形象管理是提升城市竞争力的重要手段。21世纪是人才竞争的世纪，城市之间的竞争归根结底是人才的竞争。城市形象管理，体现的是对人才的尊重。尊重人才，让人才发挥最大的主观能动性和创造性，能够极大地提升城市在全球化时代的竞争力。最后，城市形象管理将助力我国新型城镇化发展。新型城镇化的核心要义是"人的城镇化"，城市形象管理体现的核心思想也是"以人为本"，二者之间是相辅相成的关系。

城市形象管理牵涉的要素众多而复杂，要从复杂的要素中厘清头绪、弄清方向，必须要牢固地掌握好两个基本原则。第一个原则是"有所为，有所不为"。对于城市形象管理，政府不能"事无巨细一把抓""一根竹竿捅到底"，而应根据事务性质合理划分事权。对于

"有所为"的，政府不能推卸，必须常抓不懈；对于需要"合力而为"的，应发挥政府和社会两方面的积极性，政府不能"唱独角戏"，要多倾听民意、尊重民意，按人民意志办事；对于"有所不为"的，政府应让老百姓自主决策、自行承担决策后果。第二个原则是"为民行事"。我们党"以人民为中心"的发展观，决定了城市形象管理必须把人民放在核心位置上。城市发展观、财富价值观和政府政绩观必须符合"发展为了人民，发展依靠人民，发展成果让全体人民共享"的价值导向。城市形象管理必须自觉将以人为本、低碳绿色、智慧管理、文化传承、共享发展等理念融入具体行动中，让广大人民群众切实获得自豪感、获得感、幸福感。

五、新时代加强城市形象管理要做到"五个坚持"

中国特色社会主义新时代是以城市形象管理促进城市高质量发展的关键时期，各级政府应自觉做到"五个坚持"。

一是坚持公权公用。在城市形象管理中，要明晰政府权力责任清单，合理划分事权范围。凡是政府职权范围内的事情，一定要抓严、抓实、抓好；凡是政府职权范围外的事情，一定要大胆放权，让社会去解决。要制定规则，讲究规矩，切实做到公权公用、私权私用、公私分明。

二是坚持以人为本。在城市形象管理中，要全面完善各种城市硬件设施和现行管理制度。以人性化、便捷化、精细化、舒适化、智能化、低碳化等标准为依据，全面客观地评价"以人为本"和"以人民为中心"发展观的践行情况，认真查找其中存在的问题，对城市硬件设施以及现行管理制度进行完善，切实把以人为本落到实处。

三是坚持文化为魂。城市不仅仅是物质产品的生产地，更是精神文化产品的创造地和展示地。世界上魅力四射的城市，在文化软实力上都是极具竞争实力的。文化是一座城市的灵魂，没有文化的城市终究只是枯燥建筑物的堆积，会被历史遗弃。因此，在城市形象管理中，不论是旧城改造还是新区开发，都应把保护历史文化遗存、做好优秀传统文化传承以及现代文化艺术营造作为核心工作，将文化打造成为城市最亮丽的名片。

四是坚持城市特色。在漫长的历史发展长河中，每一个城市都会形成自己的个性特色。而这种个性特色，既是城市个性化发展的结果，也是城市进一步发展的优势，更是城市之间展开紧密合作、形成城市群的基础。隐藏在城市个性化发展背后的是"对城市个性化发展选择的尊重和认可"，达成这种"尊重和认可"需要进行一场深刻的思想启蒙、文化反思、社会认同和制度变革。在城市形象管理过程中，保持城市个性特色越来越引起社会的共鸣，并逐渐形成一种不可逆转的趋势。

五是坚持公平法治。在城市形象管理过程中，要牢固坚守公平底线，坚持一视同仁的原则，不分男女老少，不问民族宗教信仰，不管户籍非户籍，不论家庭出身，不管收入多少，不论文化程度高低，在保障公民人身安全和财产权利等方面均应"一碗水端平"，一律平等。要积极营造弱势群体有希望、强势群体有爱心、强势群体愿意扶助弱势群体的和谐社会氛围，要让弱势群体活得有尊严、活得有希望、活得更幸福。同时，要坚持依法依规治市，坚决杜绝人情执法、野蛮执法、选择性执法、差别化执法、钓鱼执法、以罚代法、被动执法等不文明、不正当、不积极的执法行为。

第三节　公共管理与城市形象建设

在社会主义现代化建设浪潮的推动下，我国城市建设在数量和规模上取得了巨大成就。多种迹象表明，城市形象在城市竞争和持续发展中的作用日益突出。在公共管理视角下，思考我国城市形象建设存在的问题及未来的对策，对我国的城市现代化建设具有重要意义。

近几十年，我国的城市形象建设在政府主导下，涌现出很多新的成就、方法和思路，各地都以不同方式紧抓城市形象建设。在深化社会主义现代化改革的实践中，城市形象已成为关乎城市竞争力和可持续发展的战略需求。但由于目前缺乏成熟的研究成果，政府作为城市公共管理主体往往是简单借鉴其他城市的经验，城市形象建设的思路和结果很大程度上取决于决策层的眼界智慧。在以经济发展为核心的顶层设计下，我国不同城市逐渐出现了城市景观、产业结构等方面的趋同现象，"千城一面"现象造成了城市在某种意义上的竞争力减弱。

习近平总书记强调：治理城市要像绣花一样，学会精细化管理。我们在城市形象建设中需要运用好公共管理方法，尊重以地理条件、文化历史、个性风格为基础产生的城市文明，处理好城市发展中现代发展需要和历史个性要素的关系。

一、公共管理和城市形象的内涵

公共管理指公共管理主体为解决公共问题，实现公共利益，运用公共权力对公共事务进行管理的社会活动。以政府为核心的公共部门，综合社会多元力量，通过多种途径和方法提高综合治理能力、提升公共服务品质，从而满足群众利益诉求，实现公众福利。在新公共管理改革的推动下，政府简政放权、社会多元主体协同治理成为趋势。

美国城市学家凯文·林奇于1960年首次提出涵括城市规划、设计、建设范畴的"城市形象"概念。城市形象是城市整体化的精神风貌，是城市全方位、全局性的形象。从识别要素来看，城市的地理位置、行政等级、经济实力，以及城市内部的自然景观、人文氛围、市容市貌等都是城市形象的标识。城市形象根植于每一个接触过这座城市的人心中，是人们对城市的外在文化符号和内在文化品格的情感认同。

二、以公共管理推进城市形象建设的必要性

城市是人口和商业活动的聚集地。城市处在任何发展阶段，都会呈现一定的形象。城市形象影响着城市事业的各个方面，与市民的利益休戚相关。从内容来看，城市形象呈现出的各种形态都是公共管理管辖的方面。城市形象是"城市发言人"，理应成为公共管理的重点对象。城市形象涉及多个方面，对每一位市民都具备受益的非排他性、消费的非竞争性，是无法依靠市场自发生产和管理、需要由政府统筹安排的公共物品。这是政府管理城市形象的合理性所在。但在目前，政府管得太多，且对城市形象建设的认识和管理存在局限，使得众多城市"千城一面"。

在我国大力推进城市化建设的背景下，大都市圈、国家中心城市、区域节点城市等建设蓬勃发展，地方对具有地域特色的形象建设需求愈加强烈。随着我国经济转型升级和"两型社会"建设的推进，我国符合生态宜居城市、绿色文明城市标准的地方已经不在少数，这种"共性"应是城市的标配。过去地方政府追求的一些品牌头衔，逐渐不再是城市形象的比较优势。进行城市形象建设，可以将城市的各种特质予以提炼、升华，塑造独特的内在形象，从根本上改变目前城市形象建设雷同化、一般化的现向。在新的历史时期，如何对关系着城市持续发展的城市形象进行建设，是公共管理亟须研究解决的问题。

三、公共管理视角下看城市形象建设的若干问题

（一）理论和实践难以紧密衔接

我国在城市形象研究领域取得了一定成果，但整体上并不成熟，难以用完善的理论架构指导建设实践。目前的研究虽涵盖政治、经济、文化、环境等方面，但研究过程只是将各个学科的知识堆叠起来，未能整合其中的内在联系。这样的研究掩盖了矛盾，没有真正地解决问题。另外，有的研究理论扎实、手段明确，而有的则停滞于理论层面。

因此，政府只能发挥好现有职能以助推城市形象建设，而非有针对性地布局整体，使得建设效果在很大程度上取决于决策者的见识和水平。许多城市简单地模仿发达城市的视觉外观，求大求特，缺乏文化内涵，忽视市民的文化需求，对外界又缺少有效的形象宣传。政府行为由于缺乏理论指导和专门的机制约束，不仅具有随意性，还容易产生寻租现象，损害城市形象和市民利益。

（二）城市形象建设编制存在局限

现今城市发展速度日益加快，政府对城市形象建设的各项工作设计、部门设置、组织架构未能跟上发展的步伐。城市形象建设统筹任务主要由政府负责，政府管理职能集中，却始终没有就形象建设工作的协调设置专门机构，各部门依照职能开展工作，不能有意识地凝聚力量。不同部门的管辖范围存在交叉，难以避免效率低下的政府失灵情况。

近年来，城市形象建设引入了专家学者的座谈机制以及公众参与机制。由于缺乏具体有效的配套机制，群众建言献策的积极性难以发挥，机制常常流于形式。专家意见不能直接代表公众利益，依赖专家意见的决策方法存有弊端。非政府组织、企业等主体在城市形象建设上的努力虽有一定成效，但各主体利益取向不同，未必能形成合力。最终，城市形象的工作依然是由政府包揽，又陷入了政府失灵的循环。

（三）注重短时效益，忽视可持续发展

城市形象建设要考虑诸多因素，兼顾近期和长期、整体和部分的关系。然而，许多城市为达到一时的效果，不断对城市规划进行修改，兴建许多实际效用低下的政绩、形象工程，浪费社会资源。一些城市为了尽快落地效益好、见效快的经济项目，不惜打乱长远计划为项目让路。

面对经济发展的需要，城市始终难以割舍经济效益可观而环境污染严重的企业；为满足城市人口增加带来的用地需求，不断压缩周边绿地面积，降低环境净化能力；城市内部布局不断被更改，推翻刚完成的景观改造，又建设新的项目，严重影响城市容貌和运作效率。一个城市的经济发展水平，是反映政府治理能力和水平的重要指标。然而，城市形象建设不能够等同于建设形象工程，过度重视短期效益必然会牺牲城市发展的长远利益。

（四）城市对自身条件认识不够清晰

一个城市的作用和形象，需要放到一定的时空维度中进行思考。将自身打造为区域发展中具有独特优势、不可或缺的一环，才能真正实现持续健康发展。现实中有不少行政级别不高、行业优势不足的城市热衷于举办区域性甚至国际性的大型活动，希望以此提升城市影响力。打造东风为城市发展争取资源的做法无可厚非，但把目标定得太高，投入不符合自身发展定位的资源会被摊薄，无法"集中力量办大事"、办好事。这样的做法实际上并不利于城市发展，反而有损城市形象。

经济状况、自然景观、历史文化、市容市貌等都是构成城市形象的要素。不少地方认为只要集中力量搞好经济，其他有关城市形象的要素就会与之匹配地发展，把形象建设简单等同于经济的发展和工程的堆砌，忽视人文气息的培养和环境质量的改善。一个城市若缺少温度和厚度，便失去了持续发展的内生动力。必须全面认识有关城市形象的各个要素，找到内在关联性，使资源投入和建设需要相匹配，打造好城市形象的品牌特色。

四、以社会多元主体力量推进城市形象建设

城市形象建设不仅使城市形象得以建立和完善，还会反推城市各方面要素的协调发展，实现城市资源配置优化。在市场经济高效运行的今天，从全能型政府转变为有限的服务型政府将更有利于我国城市形象的建设。政府放开不必要的管制，将不能管好的问题交给市场调节或其他社会组织进行管理，将更有利于社会力量的发挥。还需认识到，我国"公民社会"尚未完全建立，很难单单依靠非政府组织、企业、市民等社会主体自身的参与意识

来推进城市形象建设。政府作为管理公共事务的核心，需要让渡一定的现实利益，构建适合的合作框架，才能充分发挥社会多元主体的力量，实现协同治理，从而深入推进城市形象建设以及各项社会事务的建设。

（一）政府

作为公共管理事务的主导者，政府形象是城市形象的一面镜子。建立健全社会事务管理机制、公众参与和社会监督机制，完善政府职能，树立廉洁高效的政府形象，对扩大城市形象的影响十分必要。政府需进一步整合行政力量，为城市形象工作搭建统一高效的组织架构；明确不同部门在城市形象建设方面的权和责，减少因管制过多和职能交叉产生的失灵问题；建立城市形象的维护机制，规范城市运行过程中有损形象的行为；细化各项简政放权工作，以权力的放开调动社会多元主体参与城市形象建设的积极性；提升其他社会主体参与决策的话语权，为城市形象的定位规划集思广益，使之最大限度地形成合力，以社会力量建设市民满意的城市形象。

（二）非政府组织

非政府组织是公共管理领域中作用日益突出的组织形式，具有志愿性、公益性、自治性等特点，在促进城市形象建设方面具有独特作用。首先，非政府组织根据组织宗旨自发地活动，能够将手伸到政府可以放开管制或者不便于管制的领域，一定程度地弥补政府由于管制过多产生的失灵。其次，非政府组织是现代社会自治的重要力量，一座城市发展到一定阶段，随着公民意识、自治意识的兴起，必然会出现很多非政府组织，它们是良好城市形象的一个表率。可以大力扶持非政府组织的建立和发展，使之充分发挥社会自治的作用；重点扶持一批能够参与城市形象建设、发挥监督作用的非政府组织，鼓励其开展发掘城市历史文化、维护市容市貌等利于城市形象建设的活动。

（三）企业

企业是城市生产活动的主体，许多重点企业也是城市形象的一面旗帜。在城市日益重视优化营商环境的今天，企业也积极承担了更多的社会责任，形成了良性互动。城市形象建设创造了许多项目工程，产生了庞大的市场需求。可以通过招标等方式，允许企业承接以往由政府集中管理的有关城市形象建设的项目；制定定向补贴政策，引导、鼓励一批有实力的企业对周边相对落后的区域进行定点的投资帮扶，先富帮助后富，提升城市的区域整体实力和发展形象。利益的让渡，将有助于发挥企业参与城市形象建设的积极性，提高城市形象建设的成效。

（四）市民

在公共关系的角度来看，组织中的个体是整体的形象代表，公众对组织中个体的认知和评价，是组织形象的重要组成部分。城市形象寓于市民形象之中，一个城市的精神风貌往往是以市民的精神状态为核心，并通过他们的社会参与展现的。因此，坚持以人为本，不断提升市民的参与意识、法治理念、道德水平，培育市民的良好素质，将是城市形象建设中意义最深远的一项投资。蕴藏在市井中的文化是城市最宝贵的精神财富，反映着一座城市独一无二的精神内核。应加强城市精神文化建设，通过建设和谐社区、开展志愿服务、丰富文化活动等方式，让市民获得精神满足，实现精神富足，加深对城市文化的认同感，从而提高全员参与城市事务以及城市形象建设的能动性。

当前，我国城市形象建设处于需求旺盛的时期，建设成果反映着一个国家的形象。城市各方面的事物都是城市形象的基因，它们的组合结构影响着城市形象的外化。城市形象基因若存在缺陷，会发展为城市发展过程中的一种贫弱。应加大城市形象研究的投入力度，从国内外的成功案例中总结经验，探明各学科于城市形象建设中的内在关系，理顺城市形象要素对城市形象建设的影响逻辑，使理论能够有效指导城市形象建设。

未来我国城市形象的定位需要明确，既要符合城市自身文化特色，又要能够反映城市的本质属性；在继承和发扬传统文化的同时，又体现与时俱进的开创精神。要像精准扶贫那样摸底城市的发展情况和利弊条件，明确城市对于形象建设的内在需求，合理规划形象建设的长期战略蓝图，保留短期计划的安排空间，用规划的弹性兼顾城市发展长期和短期、整体和局部的利益关系。

第四节　城市形象视觉管理

城市形象以最直接和最具普遍认同感的视觉形式进行传播，其视觉符号是城市精神与核心价值观的视觉载体，构成了城市视觉管理的物资媒介。以城市形象设计和城市管理理论为基点，从城市精神与核心价值观出发，提出视觉文化现象是城市管理向视觉管理转型的基本动因；从精神表征化与管理可视化角度出发，探讨城市形象视觉管理的潜能与可行性；从城市形象视觉管理形式角度出发，提出意象规范的隐形管理功能和形象规范的显性管理功能构成了规范化管理形式，以及形象战略定位差异与视觉识别差异所形成的独特的差异化管理形式。

一个国家需要一种形式来体现力量，一个城市也需要一种形式来体现精神。城市形象恰恰就是这样一种体现城市精神的独特视觉形式，成为一座城市发展中不可或缺的重要资产，也成了一种全新的城市发展战略。城市形象是人们脑海中所形成的对一个城市的综合认知印象，也是城市的历史文化传统和社会群体的价值观念、行为方式等要素，还是作用于社会公众而产生的一种心理意象。城市形象战略设立的初衷是出于营销城市的目的来打造城市品牌的，并非出自城市管理的需求，但目前无论是在战略规划阶段，还是在实施过程中，城市形象对城市的管理功能已逐步显现出来，并形成了城市形象视觉管理这种全新的管理理念和独特的管理形式。

一、城市视觉管理的动因

时代在变化，城市在变化，管理的形式也在变化。早在 20 世纪 30 年代，马丁·海德格尔就曾预言读图时代的来临，甚至极端地认为现代世界的本质正演变为图像。正如海德格尔所言，视觉化已成为 21 世纪不可逆转的发展趋势，并从物质领域向非物质领域急速膨胀，不仅影响着人们的行为方式，也改变着人们的思维定式，形成了一种不可逆转的视觉文化现象。

城市形象在 21 世纪的今天，已不仅被看作一个城市发展战略，还被看作一种现代城市不可或缺的重要管理形式。随着读图时代的来临，城市视觉管理的形式和内涵得到了进一步的拓展。城市形象视觉管理则是以视觉可触及的感知样式为呈现形态，将抽象的、非物质性的城市精神与价值观物化为可视的视觉形态，以视觉符号的形式直观地传达给受众，实现其管理职能。

（一）城市精神的表征化

城市精神是维系城市发展的原动力，也是城市发展的最高哲学。正如日本学者小川和佑所言："一座美好的城市什么都可以缺少，唯独不能缺少精神。"城市精神犹如一座丰碑，唤醒了公众的主体意识，强化了城市的凝聚力与向心力，并且以此为基础构成了城市形象系统的核心动力与基本出发点。

城市发展的价值取向构成了城市的精神内核。基于价值主体的差异性与价值自身的多样性，价值观可以划分为核心价值观和一般价值观。城市核心价值观，是一种社会制度长期普遍遵循的基本价值原则，表现为城市的价值取向、价值追求，凝结了城市发展的价值目标。城市的核心价值观的形式基于城市群体对城市发展的精神理念的认同，以及对城市主体存在的意义以及重要性的总体认同。一般价值观是社会意识形态在各个领域与群体的细化，是价值尺度和价值准则，表现为城市群体判断事物价值的评价标准和行为准则。

城市核心价值观在价值观体系中处于主导地位，统率和支配一般价值观，构成了城市的精神世界，贯穿于城市政治、文化、经济的方方面面，体现在城市的法规与制度之中，具有整合社会意识、统摄发展观念、凝聚城市力量、引领城市行为等多重管理潜能。

著名美国城市学家伊利尔·沙里宁曾说过："让我看看你的城市，就能说出这个城市的居民在文化上追求什么。"也就是说城市精神可以通过物化的形态表征出来，并成为文化认同与识别的视觉符号。城市标志本质上是城市精神的物化形态，也是城市核心价值观的表征符号。从认知心理学角度来看，被表征的城市视觉符号，较之于其他感觉器官与感受对象构成的关系更为接近事物的实体形态。这主要源于视觉形式较之于其他的感官更为着重事物的再现性，也就是说，视觉形式所揭示的事物大多是二元以上的结构，具有极强的可见性特征。而这种再现功能所造就的可见世界是最符合认知主体的需求的，可以快速地形成认知、识别与记忆。

具体而言，非物质的城市精神，通过物化转变为具有普遍认同感的视觉符号，实现物质性的价值转化。以香港区徽为例：紫金花是香港的市花，代表香港，镶嵌于中华人民共和国国旗红色底面上，花中的五星与中华人民共和国国旗上的五星相呼应，象征香港为中华人民共和国的一部分，红白双色寓意香港实行的一国两制政策，该视觉形式恰如其分地表达出了香港一国两制的政体特征。后来，为了唤醒香港的活力，重新确立香港在亚洲乃至国际社会的地位，香港又推出了以"飞龙"为首的城市标志，从城市发展宏观战略的高度对城市发展进行了定位。"飞龙"源于中国传统文化，寓意香港与祖国同根同源的血脉相承关系。吉祥的色彩寓意香港是一个充满生机与活力的多元化都市。"飞龙"城市形象生动地阐释了香港城市发展的核心价值观念，极大地推动了香港的形象建设与城市发展。

总而言之，城市精神可以通过表征的方式，转换为被管理者可以感知的视觉形式。城市精神的表征化，打破了地域文化与语言上的限制，具有高度的识别性和非强制性管理特征。

（二）城市管理的可视化

本质上，城市群体所有的行为依据都源于自身的价值观念。随着可视化领域的拓展，城市可视化已成了不争的事实，这不仅意味着城市精神的可视化、价值体系的表征化，也意味着城市管理向城市视觉管理的转化。

视觉管理是将管理形式通过视觉媒介的方式进行呈现，通过一些具有特定指意的图形符号、色彩、文字等视觉元素以及它们的组合为载体，采用视觉控制、警示等手段快捷地传达管理信息并实现管理目标。城市视觉管理改变了传统的管理形式，属于一种间接约束型的城市管理形态，主要以非强制性手段作用于被管理群体，通过影响被管理者的心理意识从而实现管理目标。正如美国著名社会学家丹尼尔·贝尔所言："目前居'统治'地位的是视觉观念。声音和景象，尤其是后者，组织了美学，统率了观众。"城市形象视觉管理通过唤醒城市群体的主体意识，在实现城市核心价值观内化于心、外化于行的过程中，对城市群体行为有着不容忽视的引导和约束的管理作用。

追本溯源，早在 20 世纪初，人们就开始尝试用视觉的形式对企业进行管理。美国管理学家斯图尔特·里弗 (Stewart Liff) 和帕米拉·波西 (Pamela APosey) 在《眼见为凭》(*Seeing is Believing*) 一书中直接引入了视觉管理的概念，并且指出视觉管理方式必将取代传统的管理方式。企业视觉管理是建立在企业形象理论基础之上的，通过视觉识别系统对企业行为进行了规范管理。德国通用电气公司 (AGE) 就曾将企业形象理论应用于企业内部管理。企业视觉识别系统的视觉管理功能，也为城市视觉管理奠定了理论与实践基础。

20 世纪 60 年代后，随着城市形象战略的提出，日本东京和韩国的一些城市在引入城市形象系统的同时，尝试通过视觉识别系统对城市进行视觉管理。随着研究的深入，城市形象已经逐渐由一个单纯的管理目标转化为现代管理的重要基本形式，并且在视觉理论的影响下，实现了城市视觉管理的组织化、系统化和规范化。正如我国著名心理学教授张耀翔教授所言："视觉在人类的一切感觉中是最有势力的……视觉活动的范围不可限量。"美国联邦交通部早在 1974 年就委托美国平面设计学院设计了《美国交通图标体系》，随后又制定了《国家公共标志设计原则与图形全集》，率先建立了视觉管理标准，对交通视觉管理要素进行了规范。类似的还有美国农业部制定的视觉管理系统、联邦公路管理局制定的视觉影响指南，以及英国伦敦的地铁导向系统和日本的地铁标识系统等。在这些系统的视觉设计中，视觉管理的功能与优势逐步显现出来，受到越来越多国家和城市的认可，并且广泛地应用于城市管理当中。例如法国巴黎城市的视觉管理就非常普及，并形成了规范的视觉管理系统，对城市的群体与个体行为进行了规范。

综上所述，城市视觉管理拓展了管理的领域，增强了管理活动的客观性、规律性、互动性，极大提高了管理效率。不同于一般的管理，视觉管理以显性的视觉形式，作用于城市群体的观念、情感、信仰与价值体系等，通过影响人们的心理意识，潜移默化地实现管理目标。另外，由于城市形象视觉管理是一种非强制性的管理方式，管理者与被管理者双方处于平等地位，更容易被被管理者接受。

二、规范化视觉管理

美国著名城市学家 R.E. 帕克将城市定义为由各种礼仪、风俗与传统共同构成的整体，属于一种心理状态。也就是说城市绝非单纯的人工建筑，而是以城市核心价值观为框架的人类属性的产物。对于城市形象视觉管理而言，则要站在城市形象战略的高度统筹全局，对城市进行规范化、系统化的视觉管理。规范化视觉管理有两层含义：一是指通过建章立制来规范城市视觉管理行为；二是指从视觉管理的整体出发，对视觉管理系统要素进行规范，建立统一的视觉形象，并通过视觉规范实现系统化管理。只有进行规范化视觉管理，才能统一意志形成合力。规范化视觉管理包括如下几个方面：

（一）意象规范

"意象"一词源自心理学，用于表述人与环境间的一种组织关系，是一种由体验到认识外部现实的心智过程，意象的本质是将想法、精神、理念转化为意念形式的形象。从城市形象角度来看，意象是城市群体凝聚力和向心力的心物形态。"意象"表面上好像与物质属性的视觉形象没有直接的联系，实质上却与纯粹的视觉形式纠结在一起，这是由于人的大脑机制的感知模式是情景式的，因此观念意识在人的头脑中是以一种意象图式的方式存在的。城市的精神凝练为非物质的意象形态，影响着人们或善或恶的价值判断和行为方式，并以准视觉的形式为外界所感知。因此，城市意象必然作用于城市群体的主体意识，影响其对城市形象的认知。

意象规范在城市视觉管理中指的是一种观念形态的规范。意象的教化作用最早可以追溯到舜帝时代。据《尚书·舜典》记载，舜帝曰："夔！命汝典乐，教胄子，直而温，宽而栗，刚而无虐，简而无傲。诗言志，歌永言，声依永，律和声。八音克谐，无相夺伦，神人以和。"

显然，舜帝已关注了音乐与诗的教化功能，以情感与意念作为伦理规范的一种手段，以便达到"神人以和"的境界。无独有偶，与音乐同源的视觉艺术的教化作用更为显著。据史书记载，商朝初年的宰相伊尹画九主形象，来劝诫商王成汤，使之成为一代明君。孔子更是直接指出绘画对人的心理有着喻褒贬、别善恶的教化作用。

意象的群体教化功能，是通过认知、认同的方式，促进社会认同的伦理价值体系的形成。意向的个体教化就是要把真善美的价值体系根植于个体的人心之中，通过个体素养的提升和境界升华，表现为一种积极向上的行为方式。意象教化显示出非凡的归融性和柔性管理功能，使人们的心灵情感与社会人伦秩序相互融合，并渗透到社会生活的各个领域，构成正能量的城市精神世界。城市视觉管理正是通过意象这个中介物，将城市精神内涵内化于心、外化于行。

（二）形象规范

如果说规范化管理的非物质层面是城市意象规范，那么物质层面就是指形象规范。城市形象是城市精神的有机肌体，是对城市精神的视觉拓展和视觉诠释。形象规范主要指的是对视觉管理的视觉要素和视觉形式进行规范。

视觉要素规范就是对视觉符号系统进行规范。《庄子·物外》有言："荃者所以在鱼，得鱼而忘荃。蹄者所以在兔，得兔而忘蹄。言者所以在意，得意而妄言。"也就是说，任何语言或符号，无论它的结构形式如何，其本质必然是信息的载体，其首要的价值在于它所指的意义。因此对于规范化视觉管理而言，构建起规范化的视觉符号系统是规范化视觉管理的首要任务。

首先，视觉符号是管理信息的载体，是可以感知的直观形象。虽说视觉符号由于作用的领域不同，形成了种类繁多、形态复杂的局面，但是依据符号性质，可将其分为注重功能传达的指示型符号和注重语义传达的象征性符号。

指示性视觉符号具有刚性管理的特征，与法规紧密相连；直观视觉符号表面就可直接获取管理信息，如交通路标、操作指令等。通过视觉规范形成造型简洁、视觉冲击力强、直观、易记的符号系统。正如传播学者保罗·M莱斯特所说："图形形式使得视觉信息的产生、表达和接受都更加便捷，它将不同类型的视觉材料以及视觉形象的创造者和接受者都联结在了一起，受其视觉信息影响的人数之巨大，在大众传播领域可谓史无前例。"

象征性符号与自身所指对象之间不存在必定的联系，之所以能够与所指对象产生关联是源于日积月累的视觉经验。我们的祖先就常常借助特定的视觉符号来表达一些抽象的东西，如蝙蝠、松鹤、麒麟等来表达对生活的美好祝愿，借助于寒梅、劲松、秋菊等视觉符号来隐喻高贵的品质。究其本质，这些视觉符号之所以能够表达诸多的含义，并非是因为其视觉符号本身与这些词语有所关联，而是在生活体验中，哲学物象逐渐被赋予了各种美好的象征，演化为约定俗成的概念。在城市形象视觉管理中，象征性视觉符号特别适合传达城市精神和象征性旨意，成为城市文化的指代符号。但是，由于地域文化与风俗的差异，使得相同的视觉符号也存在着不同的文化解读。

其次，视觉形式作为视觉形象的基本存在方式与组织原则，在视觉管理中特指视觉识别系统要素之间的结构关系。美国实用主义哲学家杜威曾指出：关系一词是形式中特有的概念，关系也是一个模糊的语词，在哲学上它表示思想确定的联系，或表示某种间接的、纯粹理智的甚至是逻辑的东西，其核心是事物之间的相互影响。因此，城市形象视觉管理的形式规范，实际是指视觉要素按照某种规律有机地组合在一起，形成一种和谐、统一、呼应的逻辑关系。正如德国艺术家希尔德·勃兰特所言，任何一个独立的元素都只有处于和其他元素的某种相关联系之中，才具有自身的意义，这也是视觉形式的本质特征。通过形式规范，实现改善系统结构、功能与组织关系，激发系统机能，实现最小耗散与最高效率的最优性组合。

以杭州城市信息系统为例，其就是通过规范所有的视觉要素和空间形态，形成了同一的视觉识别形式。规范化的视觉形式反复地出现，强化了城市形象的视觉记忆和体验，不但规范了城市行为，也规范了视觉管理语义的识别特征。

总而言之，规范化视觉管理就是将一切要素以既定的形式构成逻辑上的管理体，将部分与部分、部分与整体之间构成一种内在的呼应、反衬、交融和渗透关系，实现城市视觉管理的整体优化。也正是这种相互之间的关联性，赋予其视觉管理的系统性和同一性。规范化视觉管理既要把握好各个因素之间的层次与结构关系，也要把握好系统中各要素之间的差异性与秩序性。

三、差异化视觉管理

从视觉识别角度上讲，可以说城市形象的本质就是差异化，那么城市视觉管理也必然体现出城市形象的差异特征。换而言之，城市形象的差异化也是城市个性的集中表现，一般可以从定位差异与识别差异两个方面来解读城市形象的差异化管理。

（一）定位差异

凯文·林奇曾说："能够使人区别的地方与地方的差异，能够唤起人们对一个地方的记忆，这个地方可以是生动的、独特的、至少是有特别之处，有特点的。"可见差异化是城市认知与记忆的基础。城市形象视觉管理的定位差异可具体划分为文化差异、地域差异和战略差异等方面。

首先，城市文化是一个城市在不同时期的思想、历史与民族发展的集合，是城市的本源与血脉，不但深刻影响着城市的发展，也影响着城市的管理方式。城市文化是城市发展的"母体"，不仅是城市感知与认同的基础，更是城市之间相互区别的最重要元素。文化的差异性体现为城市文化的独特性与不可复制性。不同文化形态的定位，决定着城市不同的文化导向，也决定着不同的城市视觉管理模式。

其次，由于城市所处的地理位置，造成了城市在自然条件与地貌特征上的差异，并最终影响到城市的发展。因此，地域差异也是城市视觉管理需要考量的一个重要因素。以摩洛哥的阿尔迪加为例：特殊的地理位置，造就了这座城市面朝广阔的大西洋；背依苏斯平原，南临撒哈拉大沙漠特殊的地域特征，成了气候温和、风景秀丽、举世闻名的避寒胜地。因此，在阿尔迪加的城市视觉形象设定中，充分融入地域特征：碧蓝的线条即是水波也象征着山峦，标志中心的黄点则代表太阳，突出了阿尔迪加是一个避寒的胜地。城市名称同时用了阿拉伯文、柏尔文和英语三种语言，体现出阿尔迪加热情好客的个性和这所城市面向国际的姿态。

最后，城市的战略规划对城市的未来发展有着决定性的意义，战略差异也是一个城市最显性的认知差异。战略定位的差异，无疑导致了城市价值体系的差异，即形成了视觉管理重心和目标的差异，也形成了视觉形式上的差异。战略差异具有唯一性和排他性，既是城市发展目标，也是城市管理目标。城市战略建构起与其相适应的城市精神与价值体系，是城市的一种思想智识活动。

差异化视觉管理，是以城市核心价值观和文化传承为基础，以城市的某一特色或者功能为主体，以鲜明的个性视觉形象张扬着城市的特色。城市的多维性与复杂性，决定了差异化视觉管理既要形象突出，又要统筹兼顾。以世界上最复杂的城市纽约为例：纽约既是国际化的大都市，又是一个移民城市，文化的包容性成了纽约重要的文化特征。在核心形象设定上，以公众认同感很强的"我爱纽约"(I LOVE NY) 标语性口号为视觉形象设定依据，右上角的红心在增加视觉记忆点的同时，也象征着这座城市的凝聚力与包容性，极具感染力与视觉冲击力。城市视觉符号一经发布，如同一支强心剂，极大地唤醒了人们对这座城市的归属感与责任感，成了承载纽约精神文化的视觉符号，深受大家的喜爱。除此之外，美国迪士尼所在地奥兰多、树城博伊西等城市也都依据自己的文化与地域特色，在城市形象视觉管理中最大限度地体现城市的差异特征。

（二）识别差异

识别差异既是指城市精神的识别差异，也指城市定位的识别差异，更指视觉符号在形式与造型上的差异。识别差异与定位差异本来就密不可分，城市定位的差异必然以视觉识别符号的差异显现出来。识别差异不仅来自视觉图式本身，也来自视觉元素之间的组织结构关系之上，构成了形式与造型上的差异。

首先，形式差异是指视觉符号系统在视觉式样和整体面貌上的差异，具体表现为其视觉元素的形状、构成规律及结构上存在的差异。城市形象管理视觉元素之间的组织形式，构成了视觉管理的结构语义，这种结构不仅指代城市形象的物理结构，也指代城市群体在认知城市形象过程中的思维结构。

视觉符号的形式结构构成了或均衡，或疏密有序的视觉节奏与韵律，形成了极具可读性的视觉管理信息结构。这种视觉形式结构，在体现自身形式结构美的同时，也传达出了不同的形式结构语义。例如，德国汉诺威 2000 年世博会主题视觉形象，虽然并不是一个以管理为主体的视觉设计，却是一个可以适应不同功能需求，调整色彩与结构形式，以动态的视觉形式体现出了管理的逻辑结构和层次。被公认为是一个满足视觉形式与技术手段的需求变化、极富动感会呼吸的视觉符号形式。

其次，造型差异是指城市形象视觉管理在视觉图式上所呈现出的差异。依据生理与心理学原理，无论视觉管理系统所处的空间与位置如何，人的视觉识别最初关注的是从对视觉元素形状的辨别与认知开始的。因此，即便是视觉符号脱离了符号所指的深层语义，其视觉符号能指本身也能承载一定的管理符号的明示义。造型差异造就了视觉符号的鲜明个性和强烈的视觉冲击力，更易于引起视觉的感官刺激，能在瞬间引起注意。例如悉尼的核心形象就是以极点图的结构，构成了一个既可向外扩散，又可以向内集中的视觉图式，犹如一种声音或意念的传播，象征了悉尼城市的凝聚力与辐射力。

差异化管理既要强调宏观上的整体统一，又要把握微观上的灵活机动。通过差异管理来打破城市管理的同质化，形成既统一又有区别的视觉管理系统。

视觉管理改变了传统意义上的管理模式，成为衡量城市现代化管理水平的重要标志。作为城市核心价值观的物化形态，城市形象以最具城市凝聚力的视觉符号，对城市群体的心理与行为产生着重要的影响。城市形象视觉管理既是城市形象塑造的重要途径，也是城市视觉管理的重要手段。城市精神通过形象物化为可视的视觉形态，构成了城市管理向视觉管理转型的物质基础，构成了城市视觉文化的有机组成部分；城市形象视觉管理通过规范化的管理形式，显现出意象规范的隐形管理功能和形象规范的显性管理功能，有效地改善了城市视觉管理的系统结构、功能与组织，激发了系统的整体效应；通过差异化凸显城市的本体特色和独特的视觉文化特征，实现了优化管理的功效与职能的目标。

第五节　城市媒体形象研究的建构维度

城市媒体形象探索是媒体舆情信息服务中的长期任务，不仅服务于城市管理决策，也是对城市记忆的理解和保存。本节分析城市形象与四个因素之间的互动影响关系，并提出城市媒体形象研究建构的七个关键维度。

城市媒体形象作为面向决策的媒体舆情信息服务中的一项重要内容，不仅对城市设计者和建设者具有鉴往知来的意义，其研究成果对每一位城市居民更好地理解城市发展和城市精神也带来了启迪。有学者指出，城市形象进入国内研究者的视野主要源于美国学者林奇提出的"城市意象"概念。改革开放以来，城市形象被赋予了更广泛、更深层的意义。城市形象建设的"得"与"失"，对城市化和城市面貌的建设发展将会产生越来越深的影响。本节将城市媒体形象定义为城市在媒体舆情中反映出的形象面貌。这一形象由媒体这一舆论载体经年累月地通过新闻报道建构起来，富有信度和一定的定形，它包含着无数元素。但从研究角度来看，人们仍可以从研究对象、范围和目的对其进行把握，迅速抓住研究重点，即考察对象城市在一定的媒体舆情范围中反映出的具体形象轮廓或特点。考察的目的可以是对城市媒体形象的即时描绘或历时描绘并做出预判。对城市媒体形象做比较研究或变迁动态研究都是格外繁复而有趣的。

一、城市媒体形象与四个因素之间的影响互动

在城市媒体形象研究的实践中，笔者认为，城市媒体形象与四个因素之间相互影响、相互互动，形成了城市媒体形象与城市运行实际的动态平衡生态圈。

第一，城市设计与决策很大程度上决定着城市媒体形象塑性的既定方向，城市媒体形象的心理定型也会对城市设计和决策产生重要的影响。

第二，城市发展实际是城市媒体形象中有质有形的内容，以其细微积聚起宏观的城市媒体形象，城市媒体形象同样对城市发展实际中的具体实践有着划出界线圈的作用。城市媒体形象与城市自身的发展是相互促进、互为因果的。

第三，公众行为和认知中，公众行为与城市发展实际都是城市媒体舆情的主要内容。而公众认知则对城市媒体形象形成了一定界限，读者和观众通过自主选择影响着媒体城市形象塑造的受众范围。

第四，城市历史人文精神抽象却如有实形且漫长地盘踞在人们的观念中。一座城市的历史人文精神可谓城市形象的背景板，无论是城市在人们心中或见诸报端的各色形象，可视为城市媒体形象所处的小宇宙。而城市媒体形象因其传播力和逐字鲜明的表现形式，事实上一直在悄然对城市的历史人文精神产生或大或小的影响。

四个因素与城市媒体形象之间均非决定因素，如同在自然生态中相互施以直观或微妙的影响。从生态的角度去理解可以感受到城市媒体形象自然生长的特点，对研究者来说在研究中可以帮助其始终保持客观的考察态度。

二、城市媒体形象研究建构的七重维度

城市媒体形象的研究素材来源于媒体报道。媒体报道的载体和形式已变得纷繁复杂，但无论以何种形式出现，其传播学的基本属性不变，城市媒体形象研究着重描绘舆情内容的变化规律。成功描绘城市媒体形象的真实轮廓必须建立充足有效的研究维度，构建好研究框架，对于城市媒体形象的研究可以说无往不利，是必有斩获的。城市媒体形象研究的维度可简单两分为内容和信息维度，前者丰富、重要，后置则是基础。

（一）城市媒体形象研究的内容维度

城市媒体形象的来源是媒体报道的累积，在舆情分析实践中可以发现四种常用的有效研究维度。

1.报道内容分类维度

一级内容大类：在城市媒体形象研究中，媒体报道内容可以按主题分为经济金融、管

理决策、社会民生、文教卫体、环境生态等大类。此外，根据城市特色可以在大分类下进一层细分。例如，上海近年来承办了越来越多的国内外重磅级会议、展览和赛事，对这些活动的媒体报道传播效力非常强，影响力大，报道频率逐年增加。因此，在对上海这座城市进行研究时，即可据此在"经济金融"和"科教文卫体"两者交叉地带辟出"会展赛事"一类来突出上海的这一特性。

报道内容分类维度是内容维度中最基础的，这一维度的常见运用有：跨城市量比、历时数据自比和跨城市历时对比。内容分类维度的考察就像拍下一张张城市媒体形象的快照，对于考察转型期的城市来说特别有意义。

2. 热点话题分类维度

每个城市都有各自的舆情热点，这些话题迭代频出，不断更新。抓住与城市本身相关度较高的舆情热点，是城市媒体形象研究中不可或缺的一个环节。与内容分类相比，舆情热点是背景板上加分减分的重点，舆情热点对人们心中树立的城市形象会起到促进突变的作用，倾向性报道通常在热点报道中产生。

3. 城市标志物分类维度

城市标志物指的并非我们第一反应想到的旅游地标，而是在媒体报道中更常见的城市标志性行业和名人名企，特别是其中与城市本身联系紧密的部分，如以杭州为故乡和总部的电商阿里巴巴。对城市标志物的媒体报道研究通常可以探寻到城市发展转型的轨迹。

4. 城市热词维度

如果说内容分类是一种"面"的考察，热点和城市标志物是"点"的考察，那么热词就是由技术捕捉到的"沙"了。从舆情角度来说，与城市具有关联度的高频热词可以帮助捕捉城市热点信息，无论是事件话题、标志物还是评价词，对理解城市媒体形象的变迁有指导意义。在分析报道热词时要注意鉴别热词与城市的关联程度。

（二）城市媒体形象的信息维度

城市媒体形象的信息维度指的是对报道基本信息的把握和分析。尽管这些信息都是新闻报道的基本属性，在传播中受众对这些隐性因素并不付出过多的主动关注，但信息维度起到了不容小觑的作用。

1. 媒体载体信息维度

不同的媒体载体首先决定了报道的传播方式，甚至在一定程度上可以决定受众。通讯社、广电、平媒、新媒体、融媒体，随着信息技术与媒体传播的结合，新闻传播的载体形式越来越多样化。人们从不同载体获取的内容附带着载体本身的传播力、可信度、倾向性等多种属性，它们悄然影响着人们对这则内容的判断。在城市媒体形象研究中，媒体载体信息可作为内容研究的附注，将载体传播广度、传播形式、媒体所属地域、领域等多种可能对内容产生影响的因素记录下来，以修正内容研究中的偏离。

2. 时序峰谷信息维度

所有维度都离不开时间信息，选择恰当的素材时段，对出现的时序报道峰谷进行特异纠偏，是保证城市媒体形象研究结果客观真实的必要步骤。在研究城市媒体形象时，研究者不可避免地对研究对象城市已有一定的既定认识，在不断尝试选择研究时段时，要注意尽可能地包含可以切实说明研究问题的整个时段。对于其中特别显示出异常的报道时段，可加注解释，这样才能保证研究结果尽可能地去除主观因素。

3. 版位和篇幅等信息维度

版位和篇幅等信息维度用于精细化研究中，版位、篇幅、报道记者、系列报道等多种信息所起的作用与载体相似，它们隐性地对内容维度产生影响。在这一维度中，只有在显示出较大特殊性并具有一定报道量的情况下，才能显示出明显作用。

城市形象彰显着城市的历史、特色和综合实力，良好的城市形象越来越成为城市的无形资产和巨大财富。城市形象可见于多种叙事，变幻莫测。城市媒体形象是由媒体新闻报道积聚起来的具有较高信度的城市形象，它参与了从宏观城市设计到个人城市感知的城市认知生态圈。叠加各种维度的城市媒体形象研究会诞生许多有趣的发现，可跟踪城市媒体形象、城市发展实际以及城市历史人文精神的悄然嬗变，可预测城市未来发展的方向。基于关键的构建维度处理既成媒体报道数据，城市媒体形象研究可以以富有创见的解读和思路发掘出贴近的城市媒体形象，这不仅对城市发展决策有参考意义，也是对城市记忆的一份贡献。

第六节　城市品牌视觉形象设计

一、视觉形象识别系统的概念及构成

（一）视觉形象识别系统的概念

视觉形象识别系统 (VIS) 的概念源自企业识别 (CorporateI-dentity) 中的视觉识别系 (Visual Identity System，简称 VIS，也称 VI)。视觉识别系统的概念起源于 20 世纪初的欧洲，在这一阶段它与当时企业识别系统（Corporate Identity System，CIS）的概念并没有明确的界限，只是在名称上有所不同。20 世纪 60 年代企业识别系统在美国得到很大发展后被引入日本，CI 就在原有的基础上发展成为理念识别（Mind Identity，MI）、行为识别（Behavior I-dentity，BI）与视觉识别（VI）三位一体的完善理论和应用系统。其中 VI 将企业涉及的几乎一切视觉要素都进行了统一，是 CI 最直观、最外在、最具有传播力、最易被大众接受的部分。

视觉形象识别系统又称视觉识别系统，是以标志、标准字、标准字体、标准色为核心展开的完整的系统的视觉表达体系，是凭借视觉性符号和语言进行信息传递的设计。即 VIS 是一种通过静态的、具体化的、视觉化的传播方式有组织、有计划、准确快捷地传达出城市的文化理念和，从而使城市的经济、文化、政治等主体性的内容以视觉的方式得到外化，使社会公众能迅速了解城市的信息，并产生深刻的印象，达到识别的目的，进而提升城市的形象。在一定的环境空间中，标识、导视等识别系统的设计应带有强烈的指示性、目的性以及信息传达性以设计出到位、高效科学的视觉识别系统，这是传播城市文化理念、塑造城市良好形象的快捷渠道。

（二）视觉形象识别系统的构成

1. 色彩

不同的色彩具有不同的象征意义或感情，比如红色代表热情奔放，绿色代表有生命力，黄色代表乐观、快乐、理想主义和充满想象力。蓝色代表理智、理性、平静、清新，属于冷色调表示具有明晰、合乎逻辑的态度，在一定程度上能够体现出事物的真实性。

每个城市都应该致力于研究其不同色调、形体和特色带给人们的那些不同的感受，以显示城市自身的闪亮点，增强城市的国际吸引力和国际竞争力。因此，要营造健康、稳定、和谐以及文明的工作氛围和生活环境，突出整个城市的形象，提升城市的品位，塑造城市环境色彩非常重要，与此同时可使大众身心愉悦，潜移默化地影响着大众的审美水平。

2. 公共设施造型

公共设施造型是一个城市中必不可少的公共环境，具有较强的审美功能，是城市文明的标志，因此对其进行构建研究不仅可以满足公共环境中人的生活需求、提高生活质量和工作效率等，还能够作为人们在公共环境中相互交流的一种主要渠道，进而提高城市文化品位的重要地位。

发达国家同步发展其公共设施造型设计和城市建设并将其配套形成一个比较全面的应用体系，其相应的法规政策也得到相对完善的制定。法国巴黎的城市建设就是一个很好的案例，该市注重其相应细节上的设计研究，高度重视其公共设施的设计和构建，公共基础设施的设计和建设使巴黎的文脉得以传承，因此人们感觉巴黎处处都精致耐看，不仅给人们的生活带来了很大的方便，还使得整个城市富有很强的活力。

3. 识别导向系统

人们依照各种标识符号来确定自己的方向和行进路线，也就是说视觉识别系统是在特定环境中通过标识形成的一套整体、统一、连续的导向符号，方便快捷地解除在特定环境空间中寻找路径的困扰，这种标识的总和就形成了导向标识系统，也称为导视系统。城市识别导向系统主要包括以下四个方面的内容：交通视觉导识系统、城市公园视觉导识系统、商业视觉导向系统以及行业视觉导向系统。

4. 户外广告

户外广告是指设置于户外的广告媒体，即在户外或者是公共场所如城市道路、建筑物、广场、公共设施及其他室外空间通过设置各类广告向消费者传递信息的一种形式，它是一个城市经济繁荣、政治文明的视觉体现，也是一个城市科学管理水平和综合经济实力的缩影。

二、国内外城市品牌视觉形象调研分析

（一）公共设施造型设计

法国设计师 mathieu lehanneur 最近完成了他的首个城市开发项目，这也是为世界知名的户外广告公司 JCDecaux 专门设计的。设计中小亭子的屋顶上覆盖了一层植物，让人联想到公园里大树的树冠。屋顶下方设计了几个转椅，这些用混凝土制作的公共座椅上还配备了迷你桌板以及为笔记本电脑提供的电源插座。

城市街道的铺装区域主要是为人们提供坚硬的、防尘的、干燥的、防滑的一种硬化的道路表面，以这种铺装的装饰性服务于城市街道的整体景观环境之中。随着交通的不断变化，地面铺装也随之发生了很大的变化。街道井盖设计不再是对既已存在的意识形态固有观念的再认识和解释，而是人们通过本国的地域特点以及对现实生活的感受所产生的灵感，以直接简练的表现形式折射出了在鲜活灵动的原始状况下自然和人和谐的日常生活。

（二）户外广告设计

户外广告通常处于街道最主要的位置上，因此对其形式、色彩、宣传内容、体量、文化内涵的体现等各个方面的设计形成了街道空间中视觉吸引的焦点。户外广告不仅要实现其商业的最可观利益，还必须要和城市街道中其他的景观元素诸如城市的建筑、绿化等设计得以视觉上的协调一致，使其无论是在色彩、材料还是在位置摆放等各个方面的设计都能够和城市整体的街道景观得以和谐发展。因此，通过最大限度地发挥城市户外广告的艺术及其文化载体的双重作用，既提高了公众对城市街道空间的认同感与可识别性，又体现了街道景观所具有的特色，使城市街道的整体景观和户外广告相互融合发展。

对于城市的特殊分区，户外广告的要求亦有区别。以东京为例，广告设置的分区依据城市编制的景观规划的分区要求确定，包括历史文化保护区（共 7 片）、水景形成特别区（共54 片）、墨田区（东京特色景观区，共 2 片）等。针对此类特殊地区，户外广告设置的要求更为严格，对如何与景观规划的要求保持一致、广告设置的允许及禁止位置、广告的色彩与光源的使用等都做出了详细的规定。

科技现代化的飞速发展，除方便了人们的日常生活之外，也"升级换代"了户外广告的全新形式——融入现代科技手段创新广告媒体形式，诞生了电子广告牌、触摸互动屏等安全性高、接受度大又有利于增加都市色彩的新型广告媒体。

城市视觉形象识别系统一旦合理恰当地应用推广，不仅能够在短时间内带来明显的经济成效，还能够将城市的个性特色广泛地传递给人们，使人们产生固定的深刻的印象，从而提升城市的形象。良好的城市形象不仅可以让城市有更强的知名度，还可以像名片一样

让人一目了然，同时可以吸引更多的游客与投资人，这样可以改善城市的投资环境，对招商引资及其他优势资源的聚集是一种促进，而且良好的城市形象还可以使这座城市的凝聚力增强，是对居住在这座城市的市民更好的归属感与自豪感的一种提升，使市民以主人翁的身份荣辱与共地注视着城市的发展。其次，城市特有的视觉识别系统不仅可以充分表现出城市识别基本精神的内涵及其与其他城市之间的差异，还可以使人们清晰明了地掌握其中所传递出来的各种信息，以达到对城市的识别和认知。视觉识别系统具有具体直接的信息传播力度与感染力度，充分体现出城市识别的基本精神内涵及其差异性，使人们能够一目了然地掌握其中所要传递的各种有效信息，进一步获得识别认知的良好效果。

第六章　市场经济与城市应急管理

第一节　城市应急管理现状

伴随着公共突发事件的频频发生，突发公共事件的应急管理工作逐渐成为实践落实中的关键问题。目前来看，突发事件应急管理的核心体系在于"一案三制"，也就是应急预案、应急管理体制、应急管理机制以及应急管理法制，但是在具体实施过程中仍然存在一些问题。对此，为了进一步推动城市建设与持续发展，本节简要分析城市应急管理完善策略，希望可以为相关工作者提供帮助。

城市应急管理主要是由政府等主体进行管理，并针对突发事件按照预先制订的应急预案，采用应急处理行为，并实现对危机态势的控制或消除，最大限度地降低危机所带来的损伤问题，实现对人员的保护以及财产的保护。伴随着我国政治体系的持续发展以及政府职能方面的不断转变，政府在应急突发事件方面的处理工作模式也在不断地改变。如何在社会环境不断改变的背景之下，仍然做好城市应急管理工作显得非常重要。对此，探讨城市应急管理完善策略具备显著的实践性价值。

一、城市应急管理体系现状

我国突发事件应急管理体系的内容主要是采用"一案三制"，但是在具体实施过程中仍然存在许多的问题，其主要集中在下面几点。

（一）应急预案方面

我国的城市应急管理的规定构建了比较完善的突发事件应急预案体系，同时涉及了不同的类比，如重大活动应急预案、企事业单位应急预案、专项应急预案等六个类别。当前我国制定了关于全国适用的城市应急预案体系总纲，其可以实现跨省级行政区域的使用，或者是对于超出了当地政府处置权限的事件。整体来看我国的城市应急管理体系已经基本成型，对公众生命财产安全的保护作用突出，可以实现对国家、社会稳定的推动作用，对于经济社会协调、全面以及持续发展具备一定的积极作用。但是，因为体系本身并不是非常完善，仍然存在内容简单、操作价值低等问题，部门之间的合作协调问题突出，导致城市应急管理的实施难度相对较高。

（二）应急管理体制方面

目前我国的城市应急管理体系主要是针对事故、骚乱、灾害等不同类型的事件进行的应急管理，整体而言我国的城市应急管理体系集中在横向层面上，应用分散的管理模式，也即是对某一种突发事件的类型进行管理，甚至是一种类型之下的子类型，其需要针对某一个部门进行专项化的管理。在纵向层面上则是以集中管理模式为主，采用中央统一领导的方式为主。这一种管理体系本身具备一定的风险问题。例如，突发事件的应急机构并不是非常完善，机构本身的运行顺畅度不足。我国并没有一个完善且针对不同类型的突发事件应急机构，大多数的城市缺少统一性、常态性以及有价值意义的突发事件应急机构，在纵向层面上的大中类型灾害管理模式中，涉及二十多个专业应急职能部门和救助中心，这一些部门所隶属的主体并不相同，导致资源重复投入、管理混乱等现象相对比较普遍。再例如，政府部门虽然属于突发事件的应对主体力量，但是在管理方面的社会力量并不理想。目前我国应急管理的主体仍然是以政府为主，但是随着社会的持续发展，政府在应急管理方面需要借助利用与培养社会力量的方式进行处理，而不是单纯的应用一手操办的方式处理，所以如何有效淡化政府本身的主体地位显得非常重要，这也是目前所存在的主要问题。

二、城市应急管理完善策略

（一）强化城市应急预案的建设与完善

虽然突发事件的发生本身带有不确定以及随机等特性，但是我们可以通过城市应急管理以往的工作经验以及突发事件的发生规律等因素着手分析，积累经验，并针对性的明确突发事件本身的潜在风险因素，力求在突发事件没有爆发之前制定出相应的对策与方案，从而实现防范性的应对处理。强化应急预案的建设以及管理属于提高完善应急管理水平的关键。当前各级政府需要结合国家的法律规定，及时更新并及时完善应急预案，并重新做好应急预案的培训以及演练教育。针对性的强化关于城市应急管理的应急预案宣传教育工作，强化体系的建设以及管理工作。借助并修订公共事件整体应急预案以及配套的相关应急预案等内容，构建一个完整性的应急预案体系，并基于处理突发公共事件提供更多的支持与帮助。针对不同城市可以借助学习应急预案方面的建设经验方式，真正做到横向与纵向的"到边"、"到底"原则，促使应急预案逐渐完善，提升应急管理综合水平。

（二）推动应急管理体系建设

应急体系的建设属于城市应急管理工作中的关键性问题。因为在突发事件的处理过程中普遍会涉及多个部门，同时需要构建城市应急的常设性机构，组织部门需要做好有序性的应急工作，行之有效的处理突发事件，并将突发事件所形成的影响以及损伤控制到最小。危机管理工作需要借助专门的技能与知识，借助适当的预警危机管理工作，做好不同环境之下的社会资源整合。对此，政府部门需要积极做好相应的职能部门协调与合作的管理工作，并促使专项权力以及资源的分配。在政府的组织背景之下，需要做好不同部门的准确定位以及全面性的协调化发展，并通过社会预警信息的收集，实现危机风险问题的判断，并在危机发生的同时协调不同部门、不同地区做好危机管理工作。积极构建一个完善且由政府直接进行领导与指挥的联动中心。借助体系的创新解决以往的分割以及信息独立的问题，并提高政府的社会管理以及公共服务的职能，并提升城市对于紧急突发事件的应对能力。与此同时，需要做好应急部门的权力以及责任的划分，并为应急部门提供相应的权力，确保应急管理工作可以顺利实施。应急管理属于政府对于困难所处的系列性风险因素进行管理的职责，需要明确城市应急联动中心的职责，并借助运行、指挥、协调等方式强化城市应急管理的综合工作水平。从根本上而言，需要及时明确社会和谐稳定状态，并做好常态化的政府管理工作，将应急管理工作置于常态化管理。与此同时，需要高度重视政府应急网路的建设工作，并充分展现政府的主导性以及引导性，借助社会各界的参与，强化社会安全阈的建设，从根本上降低突发事件的发生风险。

（三）完善应急管理机制

根据工作现状积极做好城市应急管理机制的创新，并基于强化城市应急管理工作中的信息传播、应急反应机制以及保障机制、评估机制等多方面的建设，提高城市应急管理的综合工作水平。一方面需要积极构建畅通化的应急反应机制，为了进一步保障救援电话可以快速接听并及时处理，减少其中的非必要环节，强化应急响应效率，需要借助信息化技术的介入构建统一性平台，并构建一个通常性的反应机制。当前我国大多数城市都缺少一个特殊的服务路径，网络也无法达到相互沟通的效果，再加上救助系统之间并无隶属关系，机制之间差异较大，导致突发事件发生之后的响应不及时，应对不力，最终导致事态进一步恶化。为了解决这一问题，可以借助统一性的信息服务平台，在遇到灾害事件之后可以借助不同电话路径进行报警，其中所有电话都可以统一性地播到一个电话上，并进行轮转，这样的方式可以更加及时且针对性地实现对城市应急管理的处理，并尽可能降低城市应急事件的事态风险，降低管理成本。另一方面，需要及时构建信息传播机制。在应急管理工作中，信息系统的建设非常重要，其必须及时掌握所需要的充足的保障信息。从信息资源的获取以及整合角度着手，做好城市应急指挥的相关信息分类、加工以及获取等工作。在这一角度上，需要充分展现信息化技术的优势，借助预测、预警以及事件监控等多种方式，实现统一性指挥、控制、通信以及数据采集与记录。借助信息化系统建设数据库，借助数据库的查询与无线数据传输等，促使现场操作人员以及调度人员可以在联动中心执行任务并获得相关的信息资料。另外，还需要建好调配网络的建设工作。物资保障属于城市应急管理工作高效率实施的关键。对此，需要做好相应的物资调配管理网络，做好物资目录以及标准化的管理工作，并基于应急物资的储备做好规范化管理，明确政府不同部门之间的物资储备与轮转责任。基于应急资金的投入特征，将应急管理的资金归纳到政府的预算当中，并提供不同灾难以及突发事件的资金支持，借助社会保障的方式实现资金供应的支持，并强化物资与资金方面的监督，构建检察与纪委部门的参与制度，落实审批管理，做好专项资金的转向性管理，以专人专账专款的管理模式，保障城市应急管理综合工作水平。

（四）强化资源投入，优化应急体系

首先，需要高度重视重要设施设备的保障工作。在具体工作中需要持续提高应急处理事件的应对能力，尤其是各级政府需要高度重视突发性事件的应对，提高资源配置方面的投入充足性，并配备充足的先进仪器设备，持续提升主管部门对公共卫生突发事件的监测、预防和控制能力。其次，需要做好经费的保障。充足的工作经费属于公共卫生突发事件应对能力的直接影响因素，应当及时将风险评估费用纳入财政预算当中，以放弃有偿性的服务，积极开展风险评估与预警管理，真正确保危机管理工作的有效落实。最后，做好应急储备金的管理工作。因为公共卫生突发事件的类型比较多，所以涉及的设施设备、物资需求、技术需求等方面都存在较大的差异，并且部分事件可能并没有发生过，所以缺乏相应的经验与准备。对此，政府方面应当做好相应的储备工作，以储备基金的方式实现对公共卫生突发事件的应急应对，提高应对的相应及时性。另外，在人力资源方面也需要提高资源投入重视度，强化相关工作者的经验、技术等方面的培训教育，在培训方面还需要进一步强化突发事件应急预案演练。应急预案的制定应当坚持实用性与针对性两项原则，系统本身应当体现不同背景环境下的指挥程序与相关内容，应急预案的实施应当坚持快速响应、快速转运、及时分流以及迅速处理的基础原则。

综上所述，有效的保障公共安全以及应对突发公共事件显得非常重要，这也是政府部门必须高度重视且有效完成的任务。有效的城市应急管理管理系统属于城市保障体系中的关键。构建集中化领导、统一性指挥以及分级责任的应急管理模式，提升突发公共事件和风险地域能力，积极转变政府职能属于完善城市应急管理的关键，同时也是今后在城市应急管理这一领域所必须做出的创新与改进，具备较高的实践性价值。

第二节　城市应急管理的情报能力

城市应急管理一直是一个焦点问题，尤其是 2015 年 12 月中央城市工作会议的召开以及 2018 年 4 月应急管理部的成立，引起了人们更加广泛的关注。过去，城市应急管理往往过多强调体制、管理、决策等元素。随着大数据、人工智能、"互联网 +"等新思维、新技术的发展，近年来学理界出现了一股应急情报"热"，主张在新环境下充分利用情报资源和情报手段，有效支持城市应急管理的快速响应与协同联动。应重视情报元素在城市应急管理中的作用和效能，为城市应急管理注入了新的理念、内涵和能量。

当前，城市建设与发展处于一种风险社会和信息社会共存的复杂环境之中。城市应急管理正在从专案应对、体系建构，转为能力提升阶段，应急管理能力建设成为现代城市风

险管理的当务之急。从情报学视角来看，城市应急管理过程涉及城市突发事件情报采集、分析、处理、研判与应用的整个过程。其中，与应急响应情报系统密切相关的各类情报能力要素及其相互作用关系起到了关键性作用，城市应急管理更加依赖应急管理情报工作的水平和效果。也就是说，情报能力是城市应急管理迅捷化、有序化、科学化的关键，将情报能力建设问题纳入城市应急管理能力系统之中具有重要意义。

目前，情报能力研究在文献情报、竞争情报、科技情报等领域已经取得部分研究成果。面向城市应急管理的情报能力建设，虽然与这些领域的情报能力有相似之处，但也存在明显差别。因此，促进情报能力与城市应急管理之间的交叉融合，成为推动城市智慧应急情报服务范式变革的重要内容，但目前学理界缺乏相应的理论探索。如今，各个城市应急信息化建设和大数据发展规划日趋完善，城市应急管理情报能力建设进入了大有可为的关键时期。在此背景下，本节对面向城市应急管理的情报能力建设这一新兴议题进行关注和思考，以期指导新时代城市应急管理的变革与创新。

一、城市应急管理情报能力的基本问题

随着数据驱动范式的推进，情报能力的重要性已经不言而喻。在城市应急管理领域，情报能力也逐渐成为城市应急管理能力建设的重要组成部分。

（一）情报能力基本问题分析

情报能力的高低决定了情报服务的效率和质量，是情报主体完成情报工作任务的重要基础。目前的研究对情报能力的内涵还没有完整明确的定义，情报能力理论体系相关研究也处于"各自为政"的状态。在研究发展的不同阶段，各领域的学者试图对信息能力、知识服务能力、竞争情报能力、科技情报服务能力等相关概念进行区分和界定，并从系统、功能、流程等视角探讨了相关领域或方向的情报能力技术支持、影响因素、结构内容、综合评价、提升策略等内容，积累了一定的研究成果和实践经验。

实际上，从信息链的基本逻辑出发，情报能力不同于信息能力、知识服务能力等以知识型产出为主体和目标的能力系统，因为情报能力更强调面向管理与决策的参谋助手作用。与之相比，情报能力应是情报活动主体为适应内外部环境的变化，在一定的规范与约束条件下，采用各种情报手段对情报资源进行采集、分析、处理、评估、利用的一种综合性能力，以支持完成特定或指定的目标和任务。此外，竞争情报能力、科技情报服务能力等相关研究属于情报能力的研究范畴，但也仅仅是情报能力的某些应用领域。而特定领域的情报能力内涵、内容、构成、机理等显然存在典型差异，很多诸如应急管理、国家安全等领域的情报能力建设问题尚未引起广泛关注，因此有待专门的研究与探索。在大数据与智能化环境下，各个领域的情报能力实施主体、活动要素、内容结构、发展路径等正在面临新的变化，许多新场景中的新问题、新思路、新模式等都亟待面向领域特色做进一步的探究。

（二）城市应急管理情报能力的提出

如前，情报能力是一种特殊的能力集合，并在各个领域都发挥着不可或缺的重要作用。在城市应急管理领域，传统的城市应急管理能力建设并未对情报能力模块进行重点关注，多以信息系统、信息能力、信息准备能力等为基准进行参考。随着外部宏观政策、信息技术、数据共享文化等环境的变化，城市应急管理工作逐渐迈向数据化、网络化、智能化乃至生态化，对过去以《突发事件应对法》为依据和参考的城市应急管理体系建设提出了新要求。在这种背景下，以大数据、情报体系、情报计算等为代表的应急管理情报能力建设内容发挥着更加重要的作用和功能，情报能力水平在城市应急管理工作中的重要性日益凸显。

然而，目前的城市应急管理情报能力建设仍然处于起步阶段。在学理层面，目前关于应急管理情报支持的研究多集中在情报体系框架、情报技术优化等内容上，对系统性的情报能力建设问题未有探讨，也未将视角聚焦到具备更好协同和调控能力的城市层面。而在实践层面，与城市应急管理相关的情报能力要素存在分散化、被轻视、不可流、转化难等显性和隐性障碍，情报能力系统与城市应急管理系统相互割裂和分离，没有形成密切关联。很多能够支持应急综合化管理与城市突发事件应对的情报能力没有得到完全发挥，能力碎片化、低效化等现象较为严重，由此导致应急情报价值链的转化、整合、延伸与拓展得不到很好的贯彻实施。在此背景下，面向城市应急管理的情报能力亟待培育和提升，城市应急管理情报能力建设需要在资源、人员、机制、组织、技术、流程等各个角度综合发力和聚力突破，以支持城市应急管理工作的快速响应与协同联动。也就是说，城市应急管理情报能力建设具有现实的迫切性和必要性，相关议题被提上日程已经刻不容缓。

（三）城市应急管理情报能力的内涵

综合情报能力及其与城市应急管理的内在逻辑关系，可以认为：城市应急管理情报能力是城市应急管理主体为突发事件"防急"和"应急"处置工作而展开的情报活动所表现出来的综合水平和效果，是通过情报流的分类聚合与精准支持来实现城市应急管理的快速响应与协同联动，最终提高城市应急管理的效率、效能和品质。可以从以下三个角度理解城市应急管理情报能力的内涵。

第一，城市应急管理情报能力是城市应急管理能力系统中的一种特殊能力。城市应急管理能力一般涉及管理主体、应急资源、工具方法、规则制度等各类要素。情报能力则是在数据驱动环境下城市应急管理能力建设的新兴方向和必要支撑，是支持城市应急管理的关键力量，在整体能力结构中作为一个相对独立而又特殊的组成部分存在。

第二，城市应急管理情报能力是一种多层次复合型的能力。从应急业务流与应急情报流的交叉逻辑关系出发，情报能力在城市应急管理活动的各个阶段、各个环节都有所涉及，其价值可以体现、渗透到城市应急管理的各种能力系统之中。也就是说，情报能力能够实现应急情报的价值增值功能，在应急智慧感知、监测预警、舆情管控、跟踪评估等方面都可发挥重要作用，成为带动其他能力关联运作的催化剂。

第三，城市应急管理情报能力建设属于城市公共安全与应急管理建设的重要模块。在应急大数据、应急智能化等新理念要求下，情报能力建设成为城市应急联动系统建设的重要内容。而从情报学视域来看，它也成为提升城市应急管理能力的关键情报工程。因此，城市应急管理情报能力建设在实践中往往具有工程性、长期性、阶段性等典型特征。

二、多维视域下城市应急管理情报能力建设的内容

城市应急管理情报能力建设是一个复杂的系统工程，涉及诸多要素内容。从多维视域来看，城市应急管理情报能力建设主要涉及情报资源、情报人员、情报管理、情报技术、情报实战等方面的核心内容与相关问题。

（一）城市应急管理情报资源保障能力

情报资源是城市应急管理情报工作的基础。在突发情境下，由于时间的紧迫性与事件演化的复杂性，城市应急处置往往首先依赖长期积累下来的情报资源，将其作为应急响应指挥方案和决策行动的第一参考，以达到快速响应和科学应对的目的。从狭义上看，城市应急管理情报资源主要是指针对城市突发事件的知识储备和情报分析产品。而从广义上来看，这种情报资源涉及城市公共基础数据、城市应急管理业务信息、应急响应情报资源等各类资源载体。在"大情报观"视域下，广义的情报资源供给范畴可以更好地支持城市应急管理，也是大数据时代城市应急管理的基本要求。然而，目前为止，城市应急管理依然缺乏完善的情报资源保障体系，各种必要性（基础）数据资源和信息支持难以实现互联互通，各类应急数据库、领域库、预案库、专家库等情报资源库建设参差不齐、标准不一、质量欠缺等问题大量存在。很多现存的城市应急管理"情报"资源没有实质性的决策支持意义，且精准度不高，无法适应具体城市或地区的实际情况，城市应急管理情报资源保障能力有待提升。

面对情报资源供给层面的短板，有必要构建基于城市应急大数据的情报资源空间，从底层支持城市应急管理情报工作。一方面，要对现有的城市应急管理情报资源进行有效整合。包括进一步推动公共基础数据的开放共享；对可控/不可控、可用/不可用等相关情报资源的状态进行摸底、评估与梳理；设置专项任务和经费，用作升级、更新、整合各类应急管理基础性数据资源和业务性情报资源等。另一方面，要积极开展城市应急管理特色情报资源池的建设。主张以城市及其周边区域典型、多发、常见突发事件为主攻方向，构建各类面向城市应急管理的专题数据库和特色知识库。这既包括传统意义上的应急科技文献库，还包括各类舆情资料库、技术咨询库、物资信息库、灾情知识库等，以此为城市应急响应和事件快速处置提供经验参考和坚实的智力支持。

（二）城市应急管理情报人才支持能力

城市应急管理情报人员是推动和实施突发事件情报活动的主体，并直接影响情报工作的质量和效率。目前，城市应急管理体系建设正在大力培养科技人才，但对专有的情报人

才支持建设重视度不够。究其原因，主要是城市应急管理主体对情报工作认知淡薄。在实践中，城市应急决策主体、业务工作者等对"情报"与"信息"的界定和定位仍然模糊不清，对应急管理情报工作的认知还停留在信息的上传下达层面，主要工作重心放在了情报（信息）报送、情报（信息）发布、舆情管控等方面。而实际上，城市应急管理正在迈入数据驱动范式时代，城市应急管理越来越依赖于大数据情报的支持，而这些都与情报人员的干预、采集、组织、分析与利用能力密不可分。目前来看，城市应急管理相关情报人员主要是以过去的"信息"人员为主体，新进的具有情报分析能力的专职人员比较有限。一些机构、部门偶有开展相关的应急响应情报培训工作，但总体缺乏力度，培训内容仍然围绕"数据"和"信息"为主，不能适应新环境对应急管理情报人才队伍建设的要求。

随着城市突发事件情报需求的类型、内容等日益复杂，建设一批高质量、专业化的城市应急管理情报人才队伍已经迫在眉睫。换句话说，当前应把培养和引进城市应急管理情报团队放到更加突出的位置，从人力支持角度推动城市应急管理情报工作的转型。一方面，需要通过多种途径发展城市应急管理情报人员，如拓展高校情报学课程教育内容并建立人才输送渠道、积极发展"线人"式情报信息员等。其中，尤其要重视对城市应急管理情报工程师的培养，包括情报采集工程师、情报分析工程师、情报决策工程师等。另一方面，通过健全完善相关激励机制、培训机制、考核机制等来提升情报人才支持能力的建设力度，对相关城市应急管理情报人员的思维品质、分析手段、决策能力等提出更高的要求。总之，大力培养面向城市应急管理的情报人才队伍，对于提升城市应急管理情报能力具有重要意义。

（三）城市应急管理情报组织管理能力

城市应急管理情报工作往往涉及多个机构的数据，信息资源的利用、调用、汇集与借用等。但不同机构的可支持情报资源往往因保密、受限、保护等因素，协同共享空间存在固有障碍。从情报流控制视域出发，城市应急管理组织管理能力成为其关键，而其核心就是强调应急管理情报支持的"共同体"问题，即如何通过组织管理的设计来推动城市突发事件相关情报资源的合作、交换与沟通。

过去，城市应急管理情报主体主要是城市应急办（协调为主）、公安部门以及负责具体业务的执行部门，这种模式注重自上而下的指挥控制，忽视了自下而上的情报支持灵活性和自发性问题，浪费了很多可利用的情报资源支持源。也就是说，从最大化利用角度出发，应考虑将各类情报支持组织纳入到整个城市应急管理情报能力系统之中。这其中既包括传统的政府公共安全与应急管理情报机构，还包括大型互联网公司、新闻媒体、智库机构、高校信息服务研究中心、志愿者团体、市民公众等。在这样的主体范畴下，还需要通过设计完善的情报联动运行机制与制度保障体系，来实现城市应急管理"大情报"的沟通与交流。目前，扁平化组织模式被认为是情报驱动应急响应协同联动的可靠性选择，其目的是以情报活动作为优先度来实现快速响应与迅捷沟通反馈，以达到通过情报流来有效控制事态发展的目的。同时，为了保障情报流的良性运转，相关制度体系也应投入建设或积极完善。目前为止，仍然缺乏有关城市应急情报的具体规章制度，导致城市突发事件情报（信息）层面的获取、流动、交换与共享缺乏有效的规范、约束和激励。总之，面向城市应急管理的情报组织体制的设计与情报制度体系的完善和实施，已经成为城市应急管理情报能力提升的关键内容。

（四）城市应急管理情报技术创新能力

情报技术是指情报分析、综合过程中涉及的流程、技术、工具、模型和算法等，是城市应急管理情报工作专业化、精细化、科学化的关键支撑。情报技术创新能力直接影响应急管理情报业务处理的效果，并引领其情报服务范式的改变。目前，大数据、人工智能、物联网等技术发展迅速，以此为基础的城市应急管理情报技术创新方向和内容也发生了重要变化，情报技术更趋向于嵌入式、协同化、智能化、集成化等，以支持复杂态势下的城市突发事件监测、预警与响应。从情报流程出发，如在情报采集和组织阶段，情报技术创新强调通过系统化的工具方法实现对城市突发事件全源数据信息的采掘、汇聚、描述与编码等。在情报分析与处理阶段，情报技术创新强调利用各种数据挖掘、细粒度检索、信息碎片整合、语义推理等技术，从海量城市应急大数据中找出风险因素，建立知识关联关系，实现重要风险信号发现与情报挖掘。而在情报评估与研判阶段，复杂态势下的群智研讨环境开发、应急方案整合、情报报告解读、专家意见融合、决策参考智能生成等技术则是城市应急管理情报技术创新的重点。

当前情报界兴起了工程化、平行化等思维、技术与应用。针对应急管理领域，也应积极将情报工程、平行情报等新兴模式和方法嵌入到城市应急管理情报能力建设之中。尤其重视情报技术的组件式、标准化、规范化等特色设计思想，以支持多尺度全程式的城市应急管理动态响应。具体如重视应急数据资源、应急工具方法与应急专家智慧之间的协同化、集成化问题，开发基于平行情报空间的情景地图与智能应急情报助理，构建一体化应急管理情报分析引擎和交流平台等。总之，情报技术创新能力是城市应急管理情报能力的核心内容，关系城市应急管理情报工作的实质性水平。

（五）城市应急管理情报转化应用能力

一般而言，情报能力的效能实现在情报业务处理环节并未结束，因为只有利用应急情报，形成决策，并在决策执行后指导应用于行动，应急管理情报工作的效果才能真正体现。也就是说，应急管理情报工作的价值实现，还要通过城市应急管理与决策主体对情报产品的吸收与利用程度来反映，即从服务链来看，情报（研究）工作与应急决策实践之间的"同频共振"程度——情报转化应用能力，是城市应急管理情报能力的终端。

从上述角度出发，情报能力对于城市应急管理的深层次影响是通过情报嵌入到城市突发事件事前、事中、事后的综合功能和实战应用来实现的。具体来说，就是针对城市应急管理不同阶段、不同时期的服务对象和服务需求，通过有目标、有意识的情报信息规划、干预与利用，面向场景适时提供全方位、精准化的情报服务产品（如决策方案、行动指南、关键支援任务等），实现其情报支持功能和情报价值。目前城市应急管理领域所强调的"大情报，小行动"理念本质上就是对这种转化应用能力的一种追求。从城市应急管理阶段出发，情报转化应用能力的内容主要涉及事前监测预警判别服务、事中响应决策支持服务、事后恢复总结管理服务等。事前阶段主要考量情报监测预警的实际效果，包括监测感知提升程度、预警认知改进程度等。事中阶段主要针对的是情报产品用于城市突发事件应对处置的采纳度与实际价值，如快速响应时机问题、应急处置效果改进与优化问题等。事后阶段主要是指对城市突发事件整个过程进行审视以及情报工作本身的评估学习与总结等，同时强调应急管理情报流导向下的绩效评估。总体来看，由于城市突发事件演化态势具有复杂性，情报转化应用能力的具体实战在各个阶段都存在差异，但各个阶段之间又是相互关联、相互支撑的，它们共同支撑着城市应急管理的整体效能提升。

三、新时代城市应急管理情报能力建设的发展机遇

当前，城市应急管理已经迈入了新时代环境，城市应急管理情报能力建设也将被赋予更多的时代使命，拥有更多的机遇和发展空间。

（一）促进新型智慧城市语境与应急管理情报能力的深度融合

在当今时代，数据科学与情报科学相互融合，情报能力的基础核心已经转为对"数据"的掌控。城市作为数据资源整合的需求方和实施主体，其实践需要依靠智慧城市建设项目来加以牵引。在城市应急管理领域，智慧应急就是一个示范领域，它是针对突发事件而采取的一系列智能感知、智能分析与智能处置的应急响应解决方案。目前关于智慧应急的研究也主要是围绕智慧城市语境展开的，这是由于智慧城市在大数据、物联网、云计算等领域具有先天性的优势和条件，能够为城市应急管理提供保障和支撑。对于应急管理情报能力建设而言，智慧城市在数据资源基础、信息处理技术、协同管理机制、调度空间、统筹力度等方面都具有极大的促进和提升作用，能够有效推动情报元素成为智慧应急的重要驱动路径和模式。在已建成的情报与智慧应急相关项目中，智慧南京中心就是一个典范，它通过相关城市信息资源的整合，利用大数据技术推动应急管理业务协同与智能处置，帮助城市更好地预见问题、应对危机和管理资源。实际上，在现有的诸多城市应急情报共享实践上，城市应急管理情报能力越来越离不开智慧城市的资源整合、知识积累与项目应用。

目前，我国正在实施新型智慧城市建设国家战略，新型智慧城市在数据体系建设、数据管理规格、开放信息平台与高效应用等方面的提升要求，契合了新环境下城市应急管理情报能力在情报灵、判断准、反应快等方面的内在需求，并深入影响城市突发事件情报服务的数据链、生产线与服务链。也就是说，将感知、互联、服务、整合等新型智慧城市语境与应急管理情报能力进行深度融合，促进城市应急管理情报能力的智慧化建设，服务于城市智慧应急，具有巨大的潜力和广阔的应用空间。

（二）从情报治理角度提升城市智慧应急情报能力

新型智慧城市语境为城市应急管理情报能力建设提供了外在环境机遇，而在具体的情报能力培育层面，依然需要对城市应急管理情报工作进行深度变革与创新，以解决应急情境下的情报（信息）不完备问题。情报治理是当前情报界的一个新方向，它施力于事业管理，关系着业务操作，影响着人才培养等。在国家治理体系与治理能力现代化、大数据治理等大宏观背景下，情报治理立足情报"耳目、参谋、尖兵"的初心，旨在通过资源、组织、人员、技术等要素的整合、运筹与调控，全方位推进情报研究与情报事业的升级，支持国家安全与发展决策。城市应急管理情报治理是国家情报治理的领域子集。在当前城市应急管理情报资源不可知、情报队伍规模小、情报组织离散化、情报分析水平低、情报转化空间小等现实问题域下，城市应急管理情报治理对城市智慧应急情报能力的提升具有重要意义。

由于城市应急管理情报治理涉及要素庞杂、内容独特，因此它既依赖于其他领域情报治理在情报感知、刻画、响应等方面提供的条件和空间，也强调自身内部的智慧治理。城市应急管理情报治理可以理解为是基于应急大数据而进行的创新情报供给、扩大业务需求的高级综合功能，是面向城市应急管理情报目标的生态建构体系，其目的本质上就是借助情报链的锻造和优化实现对城市应急管理情报能力的重构和再造。目前来看，如何协调城市应急管理"情报"供需侧的关系，如何积极推动城市应急管理"情报"动员，如何凸显城市应急管理"情报"话语权，如何持续强化城市应急管理"情报"成熟度，这些能力层面的问题都能在情报治理框架下得到进一步的诊断、改变、强化与转化。总之，情报治理是一个全方位的情报生态变革，城市应急管理领域应积极抓住"大情报观"时代的情报治理机遇，在思维导向、跨界融合、技术话语权等方面聚力突破，最终实现城市应急管理情报能力的"智慧"培育。

情报能力是城市应急管理能力的重要组成部分，是推动城市智慧应急、营造智慧社会环境的现实要求。本节从情报能力与城市应急管理的逻辑关系出发，阐释了城市应急管理情报能力的内涵。同时，从多维视域探讨了面向城市应急管理的情报能力建设的主要内容，并从新型智慧城市建设和情报治理创新两个角度剖析了城市应急管理情报能力建设的发展机遇，为以"属地为主"的国家应急管理体系建设提供情报视角下的新方案、新途径、新范式。本节的相关研究与思考，既契合了大数据时代城市应急管理变革的基本要求，也是情报学关注国家重大议题的一个重要方向。

需要指出，城市应急管理情报能力是一个特殊的载体系统，本节仅仅对城市应急管理情报能力建设做以初步的理论思辨与构思，旨在抛砖引玉。以此为基础，还需要进一步对能力体系、能力结构、能力评价与实证研究等方面的问题予以重点关注。当然，实际上应急管理情报能力不仅仅体现在（智慧）城市层面，探讨城市应急管理情报能力问题，主要是由于城市本身作为资源的聚集地，其风险管理、"城市病"等方面的问题更为凸显，也因此使其成为应急管理的棘手之地。同时，不同城市的应急管理情报支持基础也存在差异，故不可同一而论。且在很多"不设防"的农村，由于信息化建设落后、专职队伍建设不足、情报资源投入不够等，这类问题往往更难引起社会和人们的注意。城市应急管理总体上起着"承上启下"的特殊作用，在这个大数据、"大情报"时代，一体化的智慧应急已经呼之欲出。因此，城市群、城乡合作层面的应急管理情报能力建设问题，值得进一步的探索。

第三节　城市应急管理文化建设

加强应急管理文化建设，提升城市应急管理能力和综合发展水平，是城市战略管理的当务之急。为此，要加强宣传教育，培养危机意识，创新应急管理精神文化建设；建立健全应急法律法规等相关制度，创新应急管理制度文化建设；提升多元力量协同能力，创新应急管理行为文化建设；合理建配应急物资与公共基础应急设施，创新应急管理物质文化建设。

近年来，我国持续处于突发公共事件的高度频发期。城市作为应灾主体之一，面临的风险越来越大，城市公共安全和应急管理能力受到严峻挑战。城市应急管理能力日益成为衡量其综合发展能力和现代化水平的重要标准。文化是民族的血脉，是人民的精神家园，具有引领风尚、教育人民、服务社会、推动发展的作用。城市的文化是城市的灵魂，应急管理文化是人类在应急管理实践活动中所创造的物质财富和精神财富的总和，包括应急管理精神文化、制度文化、行为文化和物质文化，是城市文化的有机组成部分，是城市应急管理体系建设的重要基础。因此，加强应急管理文化建设，提升城市应急管理能力和综合发展水平，是城市战略管理的当务之急。

一、加强宣传教育，培养危机意识，创新应急管理精神文化建设

应急管理精神文化，是应急管理实践活动受一定社会文化背景、意识形态影响而形成的精神成果和文化观念，它以观念、意识等形态存在，包括公众的安全观念、思维方式等，是组织意识形态的总和。它深刻反映了政府与社会组织在应急管理实践活动中的价值导向，反映了公众的应急管理意识。它是应急管理文化体系的核心，从意识形态层面对突发公共事件的应急预防与处置产生深刻影响。目前城市应急管理文化的建设普遍能坚持以社会主义核心价值体系为指导，政府坚持以人为本、执政为民，建设和谐城市，市民在应急处置时表现出强烈的民族自尊心和责任感，迸发出强大的爱国热情。但由于对应急处置相关知识的宣传教育不够，应灾主体的危机意识仍普遍比较淡薄。政府应着重养成应急主体、公众的应急意识，培育科学理性、有序的应急管理文化氛围。

一要构建立体化应急管理文化宣传网络，加大宣传教育力度。媒体拥有强大的社会导

向能力。特别是网络、手机等新媒体具有信息容量大、资源丰富、传输快捷、交互性强、覆盖面广、形式多元等特点，可以使公共安全知识与信息大规模地、主动地、快速地、生动地传播于应急主体，起到较好的宣传效果。

二要加强应急管理专业培训。建设专门应急管理培训中心，强化应急管理培训工作的组织协调，编写培训教材。结合各类突发公共事件的特点和应急管理工作的要求，本着"少而精""能管用"的原则，确定综合类、专项类应急管理培训课程设置，明确培训内容和标准，整合现有培训资源，充分利用各类培训教育资源和广播、电视、远程教学等手段，开展培训要求，保证应急管理培训工作的经费投入，加强应急管理培训工作的考评考核。开展对应急管理者与应急救援人员的应急知识理论与技能的定期培训，及时更新其应急知识，避免在危机发生时"外行人指挥内行人"，保障应急管理文化知识的与时俱进。

三要加强社会教育。城市各级政府要高度重视，将其作为一项日常的基本工作和重点工作，制订好实施计划和方案，具体落实到位。可以通过在基层开展应急演练和建设危机主题博物馆，模拟地震、火灾、水灾、风灾、雪灾等进行应急教育，把对市民应急意识的培养融入常规教育中。可以组织编发通俗易懂的各类应急知识读物，进行城市危机普及教育。可以通过"应急知识科普活动周""消防日""危机法制宣传日""减灾日"等形式，开展内容丰富的城市危机主题宣传活动，动员市民参与，增强危机意识和应急能力。可以通过定期举办论坛、讲座、交流会、科普展览、知识竞赛和专题文艺晚会等多种形式，从不同层面不同角度加大应急管理工作交流和宣传的力度，提高危机意识和应对突发事件的能力。

四要加强学校教育。通过在大、中、小学普遍设立应急教育相关理论和演练课程，对市民从小就进行应急知识的教育和应急意识、能力的培养。在大学生军训时也可以考虑增加应急能力培训的内容，以提高其危机应对能力，从而为志愿者队伍提供合格的人才。

二、建立健全应急法律法规等相关制度，创新应急管理制度文化建设

应急管理制度文化，是人们在应急实践活动中建立的应急管理体制、机制及相关法律制度，包括应急管理机构的设置、职能配置、人员配备与权力划分等，应急力量体系成员组成及各方职责，应急管理活动的工作方式，参与各方应遵循的行为准则等，具有强制性和规范性。它直接影响着应急力量体系的整合效率，是整个应急管理文化体系运作的有力保障。目前城市应急管理制度文化建设普遍落实"一案三制"，危机应急管理工作已纳入规范化、制度化、法制化轨道，但仍存在着体制不健全、机制不顺畅、法制不完善的情况。

一要进一步完善应急预案体系。坚持符合实际、职责清晰、可操作性强、齐全配套的原则，积极推动应急预案全覆盖，逐步形成上下贯通、条块结合的应急预案体系，详细规定事前、事发、事中、事后等各个环节的工作运行机制，明确各相关主体的工作责任与工

作流程，将责任落实到人，认真组织开展应急预案评估工作，完善突发事件综合应急预案，重点抓好规模以上企业、高危行业企业以及学校、幼儿园、医院等人员密集场所的预案编制工作。

二要逐渐规范应急管理体制。进一步加强省会突发公共事件应急委员会对全市预防和应对突发公共事件的组织和统一领导；市政府应急办作为委员会的办事机构充分发挥值守应急、信息汇总综合协调的作用；对全市现有的应急指挥部进行整合规范，作为应急委员会下设的处理相应突发公共事件的专项应急指挥部；各县（市）区也要成立相应的应急管理机构，形成统一指挥、反应灵敏的应急管理体系。

三要继续完善城市危机运行机制，尤其是危机预警机制。城市危机预警是城市危机管理的首要阶段，也是城市危机管理的第一道防线。现代应急管理的核心就在于提高对可能发生的公共事件的认识和预警的能力。要坚持预防和应急相结合全力做好突发公共事件的预防预警工作，密切跟踪突发公共事件事态发展，形成信息筛选、统计、分析机制，进行科学的预防和预警；通过科学技术研发，加大对重点山洪灾害和城区积水点的监测预警，有效掌握灾情水情。加强对饮用水源地水质、排水水质和洪涝旱情等的监测工作，防止各种"水事故"发生，减少水害危害人民群众的生命健康。完善地震立体监测网络，改进技术装备，增添工作人员，加快实施全市地震综合减灾工程，完善地表和井下数字测量、前兆等监测网络，做到震前有预警、震中有防范。对关键基础设施进行风险分析、脆弱性评估、分级管理，实施保护措施并开展效果评价，及时排除各种隐患。建设市政基础设施突发事件监测系统。建设"数字城市"系统，结合视频系统建设，对重要市政设施进行在线实时监控，实现应急反应和远程控制一体化，增强公共市政设施监测预警和综合分析能力。重点加强对供气、供水、供暖管道和供电线路的监测工作，及时对隐患进行整改，防止对公共秩序造成影响。适时利用广播、电视、通信、网络等媒体和手段，及时向广大群众发布各类预警信息，并确定具有高度权威的、级别戒备状态。建立公开、透明、及时的危机信息沟通机制，建立与公众沟通有效的渠道，建立危机事务发言人制度。

四要不断健全地方应急法规。健全的法律法规是应急管理体系的基础和保障，地方应急法规可以作为国家应急管理法规的有力补充，共同构建一个完备的法律体系。城市政府根据本地经济社会发展水平与多发性突发公共事件特点，以及应急管理实践中的具体问题，以国家相关法律为本，制定相应的地方性条例与法规。

三、提升多元力量协同能力，创新应急管理行为文化建设

应急管理行为文化，是人们在应急管理实践活动过程中产生的文化、约定俗成的习惯性行为定式，常表现为应急管理有关的民俗形态、自觉行为模式、有意识地服从应急管理且表现为行动的行为模式。它是应急管理精神文化的折射，是应急管理制度文化、物质文化得以呈现的载体，直接决定了应急管理活动的有效性。应急管理行为文化体现了政府、

企事业单位和公民各方的权利和义务。应急准备中的各项投入和建设既体现了政府的社会管理和公共服务职能，也体现了企事业单位的安全生产主体责任。政府采取的应急救援、救助安置、应急保障等措施是法定的公共服务和政府责任，不得懈怠和不作为；而应急征用和征调、应急控制、限制和禁止等措施，体现了单位和公民的义务，同时也强调政府行使紧急权力时应受到特别严格的法律约束，并有严格的适用条件、程序等要求。应急管理行为文化是应急管理文化体系建设的重要支撑。

目前，城市应急管理行为文化建设日益科学而理性。城市政府更加注重预防与应急准备工作，如加大投入编制预案、建立应急队伍、完善应急保障、排查治理隐患、加强全民应急教育等。监测与预警工作普遍加强，对可监测的突发事件等做到早发现、早报告、早预警、早准备，及早采取避灾和减灾措施，群众对各种措施已经理解、支持和配合，甚至主动关心和咨询。政府针对突发事件的性质、特点和危害程度，及时科学地采取处置和救援措施，努力减轻和消除事件对人民生命财产安全造成的损害。事后恢复与重建提供了一个至少能弥补部分损失和纠正混乱的机会，可以妥善解决处置过程中引发的矛盾和纠纷，同时总结经验教训指导以后的应急活动。但仍存在公众无效、无序参与的情况。

突发公共事件具有突发性、复杂性与不确定性等特点，对其预防和处置需要政府动员更广泛的社会力量和资源进行协同治理。特别是普通公众往往是突发危机事件中最直接的受害者，同时也是处置突发事件过程中最直接的应对者。相对于专业应急救援力量，其数量较大，这就需要最大限度地动员公众，让公众广泛地参与其中，理性有序地应对危机情势，努力提升自救与互救技能，以增强在突发危机时的应对能力。然而目前突发公共事件发生时，公众的无序参与与应对降低了政府应急管理的效率，增加了应急管理的成本，带来无谓的损失。因此，政府要重视公众参与，力求建立一个以公民社会为核心、多元互动的危机决策网络治理结构，其中，要有一个"指挥统一、反应灵敏、协调有序、运转高效"的应急救援力量体系，以解决应急管理过程中力量结构多元、缺乏科学统筹与有效协同、应急救援整体能力和综合协作能力相对较弱等问题，以提升多元应急力量协同治理能力；可以通过经常性应急演练，提高公众参与应急管理的能力和自救、互救能力，同时通过演练检验预案是否完善、合理。

四、合理建配应急物资与公共基础应急设施，创新应急管理物质文化建设

应急管理物质文化，是人们在应急管理实践中形成的一切物质生产活动和产品的总和，是可触知的具有物质形态的文化事物，包括应急管理实体设施、应急文献信息资源、危机应急处置技术以及其他应急保障物资等，是应急管理精神文化、制度文化的物质条件与基础。应急管理物质文化与生产力关系密切，在一定程度上体现了应急管理主体的管理理念、管理方式方法，反映了应急管理行为文化的成效。目前，城市应急管理物质文化建设日益

丰富，发展了一批城市应急产业、生产了一些应急产品、建设了不少应急工程，但是仍在一定程度上存在着生产过剩与不足、公共基础应急设施匮乏的情况。为此，一要制定应急物资储备管理制度，加强应急物质储备管理，建立健全规模适度、结构合理、管理科学、运行高效的应急物资储备体系。建设市、县（市、区）应急物资储备中心，对应急物资实施集中调度管理，实现资源共享。加强应急物资合理配置，即应急物资要与现实的应急需求紧密结合，本着对生命负责的态度，在应急物资生产、配置与更新过程中要强质量、讲科学、重实效。

二要加大对公共基础应急设施的建设力度，公共基础应急设施建设是一个良心工程，体现着政府与社会在治理公共危机过程中的信念与决心。它是最为真实的应急物质保障，对它的重视与投入，是科学发展观与和谐生态观在公共危机应急管理中的深刻价值映射与精神彰显。要按照"统一标准、分级实施、因地制宜、安全便捷、平灾结合、结合利用"的原则，规划建设应急避难场所，将其纳入城市发展总体规划，以现有或新建、改扩建公园（游园）、绿地、广场、体育场、学校操场、人防工程及室内公共场馆（所）等为依托，合理规划、分级、分期建设应急避难场所。

三要建立一个信息共享、多元协同的综合性公共危机应急管理信息平台。集应急安全知识的教育普及、应急防灾的演练和应急过程中的信息交流机制建设于一体，既可避免由应急信息膨胀和碎片化所导致的危机谣言、信息欺诈等信息异化现象的发生，又可逐步实现对公共危机的科学应对和有效治理。

第四节　国际经验创新城市应急管理

随着城市化进程的推进，城市中的各类突发事件也不断涌现，如何应对这些突发事件，需要建立并完善城市应急管理体系。借鉴国外典型城市应急管理模式，针对我国城市应急管理中存在的问题，提出了创新我国城市应急管理模式的建议。

随着城市化进程的推进和城市规模的不断扩大，城市中地震、火灾、水灾、台风、传染病等各类突发事件层出不穷。为应对这些突如其来的危险状况，城市应急管理应运而生。所谓城市应急管理是针对自然灾害、事故灾难、公共卫生事件和社会安全事件等各类突发事件，从预防与应急准备、监测与预警、应急处置与救援、恢复与重建等全方位、全过程的管理。国外一些城市由于历史悠久、现代化起步早，对城市应急管理也较早地开始了研究和实践。因此，本节借鉴国际上一些典型城市的城市应急管理模式，针对我国城市应急管理中存在的问题，提出了创新城市应急管理模式的路径。

一、国外典型城市应急管理模式

（一）伦敦的城市应急管理模式

英国是最早开始城市化的国家之一，其城市发展历程中的经验值得借鉴。伦敦作为英国的首都，担负着政治中心、经济中心、文化中心的职能，其应急管理体制依城市功能而定，在全球城市中处于领先地位，逐步建立了立体化、网络状的应急指挥协调体系。

伦敦的城市应急规划主要解决各类突发事件，为此，伦敦市建立了国家、地方和地区三级应急管理架构。在国家层面上，英国由内阁成员担任应急事务大臣，负责预防、应对和监督重大危机事件的处置。在地方层面上，伦敦设有应急服务联合会、消防应急规划署和地方卫生署，各区应急规划职能相对独立、自成体系，而又协同运作。在地区层面上，伦敦市应急体系的主体部分主要有市长办公会、大伦敦议会、伦敦政府办公室、应急小组、应急论坛等。"分级响应、重心下移"是伦敦应急管理的原则。其特点在于并不依赖于国家层面的机构，而是伦敦各区实行分级管理，注重属地救济，提高突发事件"第一响应人"的应急能力。

危机管理是伦敦市应急服务体系的重点任务。伦敦应急管理的核心机构是伦敦应急服务联络小组（LESLP），包括伦敦市警察局、城市治安服务部、交通警察署、消防总队、急救中心等部门。该小组定期召开例会，会议的主题是研究有关应急管理存在的问题和具体实施方案。由此可见，伦敦应急管理模式有如下特点：一是应急管理机制规范、科学、高效；二是危机防范网络化，管理体制体系化；三是应急准备、处置及灾后恢复能力强；四是责任落实到位，危机防范意识强。

（二）纽约的城市应急管理模式

作为美国第一大城市和第一大港口的纽约，经过了一段时间的摸索，在应对突发事件中形成了一套完备有效的应急管理模式。由于其城市地位特别重要，对城市应急管理提出了极高的要求。

纽约市的应急管理体制最重要的特点是设有常设机构纽约市应急管理办公室，作为应急管理的最高指挥协调机构，下设恢复和控制科、国土安全委员会、健康和医疗科、人道服务科四个工作单元。恢复和控制科负责废墟处理、损失评估以及基础设施重建等相关事务；国土安全委员会的主要职责在于进行国土防卫和反恐等方面的计划和行动，负责协调联邦政府、州政府和市政府之间的职能；健康和医疗科的职能体现在事前准备，主要包括防暑计划、应急演习等准备工作，主要是对影响纽约市民生命和健康的各种突发事件在医疗救护上进行准备；人道服务科主要是为突发事件中的受害者提供人道主义服务。

应急管理办公室的工作主要涉及监控、处置突发事件，与公众进行信息沟通。纽约市的应急管理模式以应急管理办公室为主导，在市长的领导下，多种力量包括警署、消防、民防等共同构成"高效率、全方位"的组织网络，依靠政府、企业和民众的紧密配合、通力协作，形成高效的应急系统和较好的应急管理能力。纽约市应急管理的主要特点是广泛的公众参与和充分的应急准备，应急指挥权归属政府，重视信息化技术的应用和设施建设，并且重视信息管理和风险评估以及与公众的沟通。

（三）东京的城市应急管理模式

东京市政府的应急管理能力具有极高的水平，特别重视公众的生命和财产，其应急管理模式体现为一元化和循环性。所谓"一元化"，是指政府统一行动的一元化管理模式，设置局长级的"应急管理总监"，成立综合防灾部。所谓"循环性"，是指强调加强准备、持续循环改进的特点。

日本的应急组织体系比较完备，分为中央、都道府县、市町村三级。东京的应急管理机制主要体现为：一是日常管理与应急管理可随需要转换，常态时，自卫队、警视厅、消防厅各自派遣职员与派遣单位加强联系；事发时，直接派遣单位联系、收集信息、请求支援、加快应急救援等应对行动。二是遇到突发事件采用集中办公形式，便于统一指挥，直接调动自卫队、警察和消防人员都到政府集中办公，使得相关部门间的协调更加方便高效。三是区域合作应急机制，把首都功能安全保障后援体系和东京附近区域协调合作放在重要位置，签署互助协定，同时加强与民间团体的合作，确保应急资源的有效整合。

东京的应急管理模式具有以下特点：在应急管理理念上，强调事前准备、循环改进的理念，重视市民的生命财产安全；在应急管理体制上，强调应急行动与事件信息的一元化管理；在应急管理机制上，重视收集信息和评估研判，遇突发事件能集合人力与资源协同应对处置。

二、我国城市应急管理模式存在的问题

（一）政府主导，社会主体参与不足

在我国城市应急管理中，政府承担着重要的职责，是应对突发事件的主导力量。但从国际上一些城市的经验来看，没有社会力量的积极参与，势必在面对危机事件时显得力量不够。而且，目前我国城市中应急管理事务由各个职能部门承担，容易造成管理的分散化、碎片化，影响应急管理的整体效率。而科学高效的应急管理不是政府单一主体的应急，而是以政府为主导，全社会力量共同参与的应急管理网络。随着城市规模的扩大以及功能的增多，城市突发公共事件也随之增多，如果仅靠政府的单一力量，不仅会给政府增加极大的压力，而且不利于突发事件的妥善处置。在城市应急管理中，如果不能最大限度地调动整合社会力量和资源，就不能保证将灾害程度降到最低。

（二）应急管理机制不完善

从国际经验来看，完善的城市应急管理机制应包括事前预警、事中响应、事后处置。就预警机制而言，我国很多城市并没有建立起反应灵敏、快速应对的应急系统。在危机到

来的时候，由于预警机制没有建立，协调机制也存在不足，导致严重的资源浪费，应急救助效率低，人员和财产损失严重。此外，缺乏统一协调的应急管理组织也是重要原因，很多城市没有建立完善的应急组织体系，都是临时调动各部门参与应急救助，导致难以协调各种力量进行有序高效的救助。

（三）应急救助网络建设滞后

随着互联网的发展，城市应急管理应更多借助现代技术实现科学救助。但是，从各个城市的现状来看，能够利用大数据、智慧城市建设搭建借助于现代科技手段的应急管理网络的还少之又少。大数据技术对于实现城市应急管理的精细化、快速化、网络化具有非凡的意义。然而，由于我国的城市建设与经济建设、人口发展并不协调，政府部门有时未能做出更全面的网络模式救助，今后应利用大数据技术和社会救助网络共同实施救济工作。

（四）应急管理理念落后

在城市高速发展的时代，如果在城市应急管理中固守旧的理念，就会在面对层出不穷的危机事件时显得措手不及。我国很多城市都没有建立起完善的城市应急管理体系，这与应急管理理念落后有直接的关系。居安思危，应该是城市政府时刻铭记的信条。因此，在以政府为主导的应急管理体系中，就需要各级领导干部不断更新观念，将现代城市发展和应急管理结合起来，利用现代技术和科学方法管理城市、应对突发事件。目前，国际上已经有比较先进的城市应急管理理念，卫星网络技术和可持续发展等技术和理念，已经在城市应急管理中有所体现。但是我国城市管理还相对落后，亟待今后加强和改进。

三、创新城市应急管理模式

针对城市应急管理中存在的问题，借鉴国际经验，创新我国城市应急管理模式是城市管理中的重要议题。分析目前我国城市应急管理中存在的问题，危机决策的挑战来自信息不完备、时间压力大等客观条件的约束。因此，如何保证在危机情景下的决策正确始终是应急管理领域的一个重大挑战。为此，需要在以下几方面创新城市应急管理模式：

（一）建立科学高效、统一协调的应急管理组织体系

通过对国际上一些城市应急管理模式的研究，不难发现，这些城市都建立了面对突发事件能够快速反应的应急管理体系。构建起适合我国城市特点的应急管理组织体系，是当前需要解决的首要问题。城市应急管理是一项关系城市发展、百姓生命财产安全的系统工程，需要整合协调全社会的资源和力量，有步骤、有组织地实施应急救助，有助于城市的可持续发展和百姓的安居乐业。因此，各地城市政府应建立科学高效、统一协调的城市应急组织体系，从而保证在面对危机事件时能快速应对。

首先，建立统一协调的应急管理中心。从中央到地方，设置统一指挥与协调的应急管理机构，明确机构职能，协调各部门之间的关系，确保在应对突发事件时能够做到协调一

致，按部就班。其次，完善城市应急联动机制。在处理突发事件时，要求城市各个部门的职能机构集中力量，在资源利用、反应速度上做到统一协调。在灾难发生的第一时间，能够协调交通、医护、救助、公安、消防等各部门，共同应对，形成联动机制。

（二）健全应急管理的各项制度

在制度建设上，应在协同应对的理念下不断健全完善各项制度。首先，通过法律制度的不断完善来规范应急管理工作。美国、英国、日本等国家都先后制定了一系列完备的法律制度来应对突发事件。目前我国已建立起以宪法为根本，以突发事件应对法为基本法，以其他行政法规为配套的应急管理法律体系。在此基础上，我们应继续完善应急管理法规体系，将应急管理纳入宪法调整范围，强化应急管理法律效力，确保突发事件应对有法可依、有章可循。其次，通过加强政府与社会组织的协同制度建设，形成合力，共渡难关。通过对国外城市应急管理案例的研究可以发现，很多城市在面临危难的时候，大多会集结民众的集体力量来共同对抗灾害事件。我国在城市应急管理中也应将民间力量，特别是社区的力量纳入应急管理制度之中，充分发挥公众在应对突发事件时的积极作用，通过一定的制度设计，使民间组织和公众成为应对突发事件时的补充力量。最后，通过设计一整套行之有效的各级政府和机构之间的协同制度，来保证危机事件处置时的科学高效、资源节约。为此，应明确应急行动的责任范围、权利范围及归属、资源调配与共享机制等。

（三）建立基于大数据技术的应急管理网络

大数据技术使得基于所有数据而不是样本数据的决策成为可能。除了快速、适当地处理应急事件、减少伤亡，更要在危机意识的指导下，对可能发生的突发事件进行预警、协调、监督、控制，不仅能提高对突发事件的预警能力，而且也有助于对突发事件发生后的处理。对此，大数据将发挥无可比拟的优势。建立城市应急大数据联动决策平台，为城市的应急管理提供一站式解决方案，构建大数据支持下的应急指挥体系。

城市应急决策亟待大数据发挥预警、预测、决策、智能四大功能，大数据的属性高度契合城市应急决策对数据信息的处理能力需求，以便达成快速反应。

其一，城市应急决策涉及的数据源纷繁复杂、多种多样。有各部门的数据，有微信、微博、论坛、图片等互联网数据，它们都在应急中被使用。大数据应用对多种类数据的整合分析，具有天然优势。

其二，城市应急决策涉及的数据量极大。单纯一个城市水灾的预警系统，从传感器到视频探头基本上每天可以汇集上百 T 的数据，同时随着时间而积累下来的灾害历史数据也十分庞大。利用大数据处理海量数据，得心应手。

其三，数据格式多样，海量数据中存在着多种多样的数据形态。大数据可以实现对多元异构数据的挖掘分析。

其四，城市应急涉及的数据价值密度不均衡。随着传感器、视频监控、移动互联网的普及，在应急所需要关注的海量数据中，数据价值密度相对较低，需要通过强大的数据模型和算法，迅速地完成数据的"提纯"。

其五，城市应急对决策的时效性要求极高，大数据大大压缩了最终方案形成的时间。

如何从海量数据中找到高价值的数据，从而形成有针对性的预警和预测，为突发事件处置提供最科学的决策依据，是城市应急大数据联动决策平台的应用效果，也是大数据技术在城市应急管理中的优势所在。

第五节　区域中心城市应急管理

沈阳作为820多万人口的区域中心城市，加强和完善应急管理体系建设尤为重要。近年来，市政府高度重视应急管理工作，针对灾害性气候环境、频发的事故灾难、公共卫生事件和多样、复杂、敏感的社会安全事件及日益显现的社会深层次矛盾，采取积极有效的对策，加强安全形势预测分析，建立健全了应急管理的组织体系、预案体系、联动处置救援体系，以最快的速度、尽最大的努力化解各种危机，最大限度地保障了公众和社会的安全，不断探索和形成了符合区域中心城市特点的应急管理新模式。

一、当前沈阳应对突发事件面临的严峻形势

国家实施东北老工业基地振兴战略以来，沈阳市经济社会发展呈现出良好态势，但也面临着诸多亟待解决的矛盾和问题。随着经济多年的快速发展，与国内同类城市相比还有一定差距，历史积淀的一些深层次矛盾逐渐显现并日益尖锐，做好公共突发事件应急管理工作的任务更加繁重。

（一）自然灾害

沈阳市是遭受气象、气候、地质灾害等较为严重的地区，是国务院确定的地震重点监视防御区。自然灾害主要包括突发性地震、地质灾害、水旱灾害、大风及沙尘暴天气、浓雾天气、冰雪天气、暴雨雷电等。春季易受大风及沙尘暴的袭击，城市建筑的狭管效应使局部风速加大，对城市安全造成严重威胁；因夏季暴雨、冬季冰雪天气导致的城市道路交通严重拥堵的情况时有发生；东部及东北部山区易发生森林火灾、泥石流等灾害。

（二）事故灾难

随着城市建设发展进程加快，安全生产基础薄弱环节日益显现，包括危险化学品事故、交通运营突发事故、道路突发事故、桥梁突发事故、火灾、建筑施工事故、地下管线事故、燃气事故、电力事故等安全事故和环境污染等事故时有发生。部分企业和业主在利益的驱动下，安全生产责任制落实不到位，违反安全规定冒险蛮干现象仍然存在，部分企业安全培训工作不到位，生产一线人员安全意识淡薄，非法、违法生产现象时有发生。

（三）公共卫生事件

沈阳市作为区域中心城市，人口流动和物资运转频繁，有导致食物中毒、传染性疾病暴发流行的潜在风险。群体性不明原因疾病包括鼠疫、霍乱、SARS 等重大急性传染病，口蹄疫、高致病性禽流感等重特大动植物疫情风险尚存。重大食品安全、药品安全事故，食物中毒等食品安全危害存在复发和多发的可能性。还有核与辐射引起得公共卫生事件的风险，防控难度不断加大。

（四）社会安全事件

目前，沈阳市正处在经济社会快速发展期，经济转型、社会变革和体制转轨带来巨大震荡，引发社会冲突因素增多。城市人口和财富的迅速积聚，对城市资源、环境、基础设施、城市管理等形成了巨大压力，刑事案件和诱发群体性事件的因素增加，加大了突发公共事件的潜在风险。一些涉及劳动安全、劳动关系、社会保障等劳资纠纷，特别是涉及民生的污染、动拆迁等方面的问题比较突出，重大群体上访事件、公共场所滋事事件等重特大群体性事件时有发生。影响金融稳定与经济安全的国内外金融突发事件也不容忽视。

二、沈阳市应急管理体系的建设与发展

建立健全符合区域中心城市特点的应急管理体系，是提高政府预防和处置突发事件能力的基础性工作。随着 2007 年 11 月 1 日《中华人民共和国突发事件应对法》的出台，沈阳市在综合分析预测的基础上，从突发事件固有特点出发，立足于区域中心城市实际，吸取国内外应急管理经验，建立了快速高效决策和资源统一调度的指挥协调系统，应急管理的框架体系全面形成，并正在发挥着积极的作用。

（一）完善应急组织体系，建立高效运行机制

完善的组织管理体系是有效应对各类突发公共事件的基本组织保证，也是对应急进行科学指挥、协调和管理的重要保障条件。按照总体应急预案的要求，各地区各部门坚持树立大局意识和责任意识，在加强本地区本部门的应急管理，落实好自己负责的专项预案的同时，做好纵向和横向的协同配合工作，明确各方面职责，确保一旦有事，能够有效组织、协同应对、快速反应。为加强对全市应急管理工作的领导，2006 年 5 月调整了市应急管理委员会，由市长担任主任，组建了市政府应急管理办公室，全面指导和协调全市应急管理工作。按照市政府总体要求，全市 15 个区、县（市）政府相应成立了应急管理办公室，明确了应急管理的领导机构及办事机构；市政府 75 个相关部门，按照其承担的工作职责和突发公共事件的分类，设立了应急管理组织机构，组成了 24 个市级专项应急指挥部，按照分工负责的原则，由各位副市长担任总指挥，相关单位为成员，直接领导本行业突发事件处置工作，形成了以属地管理为主、分级负责、分类管理，覆盖市、区、街道（乡镇）三级的应急组织指挥体系。市政府严格落实应急管理责任制，明确市、区（县）、街道（乡

镇）三级政府的"一把手"为应急管理工作责任人，全面负责本地区、本行业的应急管理工作。公安、消防、气象、城建、交通、地震、环保、水利、林业等部门，均建立了灾害信息监测系统，实行24小时值班值守。先后成功处置了抗击特大暴风雪、法库柏家沟煤矿爆炸事故、棋盘山风景区森林火情、万达广场售楼处火灾、万鑫酒店火灾等重特大突发事件和奥运、全运等重大安全保障工作，经受住了严峻的考验。

（二）建立健全预警体系，坚持做到未雨绸缪

防范胜于救灾，消除隐患是最好的救助。市政府高度重视预警预测体系建设，积极优化对各类灾害、事故的监测预报网点建设，努力提高预测预报的准确性和时效性，坚持常态与非常态相结合，促进应急管理工作从被动应对转向源头管理，最大限度地减少事故灾害的发生率。2014年以来，市政府在15个区、县（市）、59个政府部门设立了突发公共事件信息报告员，组建了信息网络体系；气象、城建、交通、地震、水利等部门建立了自然灾害信息监测、报告系统，建立健全了24小时灾情监测会商制度；市投入专项经费在市区内安装了大量的高分辨率摄像设备，扩大了监控范围，对于苗头性、萌芽性的社会安全事件、交通事故，做到早发现、早报告、早控制、早解决；110、119、120、122报警系统全面进行了整合、升级，做到了接警快、反应快、处置快，实现重大情况出警即报；全市高校和中小学校均设立了信息员，70%以上的学校增配了保安人员；近年来，积极探索在辽宁中部七城市实现应急联动，做到资源共享、互相帮助、共同应对。截至目前，多元化的预警方式基本覆盖了全市各相关行业、部门和单位。

（三）完善应急预案体系，提高应急处置能力

应急预案是综合应对突发事件的各种信息，做出各种应急决策的关键所在。沈阳市把应急预案建立在综合防灾规划之上，并包括以下几个重要的子系统：完善的应急政治管理指挥系统，强有力的应急工程救援保障体系，综合协调、应对自如的相互支持系统，充分备灾的保障供应体系；体现综合救援的应急队伍等。目前，市级应急预案已达192个，其中市总体预案1个、专项预案24个、部门预案123个、其他预案44个。市、区总体应急预案、22个专项应急预案已印刷成册；各地区、各部门及所属街道、企业、学校、社区都按照要求编制了相关的应急预案，总数达41000多个。从面上看，"纵向到底，横向到边"的预案体系已经形成。2013年，结合全运安保工作，各级应急组织按照预案开展了大规模的应急演练工作，据不完全统计，全年共组织各类演练491次。演练突出了实战性、可操作性、科学性的特点，进一步熟悉了预案内容，积累了应急管理经验。

（四）整合多方应急力量，完善政府应急体系

实现跨部门、跨地区、跨单位应急职能重组和应急力量的整合是进行应急管理的有效模式。沈阳市注重资源整合，各地区、各部门都建立了专业的应急救援力量，配备了先进的物资和装备，形成了一定的规模，具备了应对重大以上突发事件的能力。目前，除公安、消防、武警、部队等专业救援力量外，沈阳市还有200多类、1795支分布于人防、环保、

防汛、卫生、煤气、自来水、电业及各区县市等的应急队，全市各类应急救援人员达5万余人。在应急设施的配备上也得到了加强。结合全运安保工作，驻沈的铁路、机场、通信、海关、检验检疫及市属公安、交通、药监、教育、煤气、自来水、电业等部门，都在应急管理方面做了卓有成效的工作，使人力、物力、财力发挥出最大效益，一些多年来没有解决的问题都得到了较好的解决。

（五）建立应急指挥平台，加快走向科技应急

全面整合多部门、多行业、多层次的信息资源，实现对突发公共事件的实时响应和调度指挥，并为公众提供相应的紧急救援服务，是当今各级政府提高应急管理水平所面临的一项重要任务。为及时传递应对突发事件的各种信息，全面提高应对能力，市应急指挥中心于2008年9月正式启动运行。该中心充分体现了平战结合、信息共享、整体联动的建设原则，具备通信、预警、灾情评估和监视、确定行动重点地带、协调及分配救灾力量、公众信息与新闻媒介等多方面的功能，以全智能超前的应急指挥平台为支撑，成为领导提供应对突发事件组织指挥、疏散救援、灾后重建的"神经中枢"。在突发事件监测、预警的基础上，实现相关数据采集、危机判定、决策分析、命令部署、实时沟通、联动指挥、现场支持等各项应急指挥需求，成为全市应急管理建设和未来数字化应急管理的总节点，为全面推动沈阳市应急管理工作的开展，提供强有力的保障。

（六）建设公益宣传平台，提高市民应急意识

应急宣传是加强应急管理的基础性工作，对于增强群众的公共安全意识、社会责任意识，提高自救、互救能力，最大限度地预防和减少突发公共事件及其造成的损害，具有极其重要的意义。沈阳市积极探索社会化宣传新思路，不断整合资源，拓宽宣传渠道，把应急管理宣传工作向深度和广度延伸。应急宣传坚持主动策划、主动宣传、主动引导的原则，积极争取舆论主导权，为提高全市防范和应对突发事件能力营造良好的舆论氛围。充分利用新闻、网络、户外大屏幕等媒体，建设立体化、全覆盖的公益宣传平台。结合"1·10""5·12""11·9""安全生产月""应急宣传周"等重要宣传活动，坚持开展应急宣传"四进"活动，面向全社会宣传应急常识。开设应急专家讲坛，抓好应急预案编制、应急知识和典型案例的宣教活动，夯实应急管理工作基础。2008年奥运安保和2013年全运安保期间，市政府应急办联合全市各职能部门，在市属新闻媒体开展了为期一个月的应急知识进万家活动。连续两年通过沈阳晚报组织开展了"应对法"知识答题活动。同时，还开办了沈阳应急管理网站，做好《沈阳市民应急手册》的编写、发行工作，较好地营造了社会宣传舆论氛围，广大市民应急意识不断提升，全市应对突发事件能力不断提高。

三、进一步推进沈阳市应急管理体系建设的几点思考

加强应急管理体系建设是一项系统工程，面广量大，任重道远。今后一段时期，是沈阳市经济社会发展的关键时期，各种传统的和非传统的、自然的和社会的安全风险将交织

并存，公共安全面临着严峻的形势与挑战。虽然沈阳市作为区城中心城市，在防范和应对突发事件应急管理方面取得了一些成绩，但是面对新的形势，我们还必须从战略和全局的高度，坚持以人为本，预防与应急并重、常态和非常态结合，全面布局与重点建设统筹、近期任务与长远目标兼顾，不断完善加强突发事件应急管理体系建设，助推经济社会和谐发展。

（一）健全机构、明确责任，努力实现应急管理工作的"两个转变"

多年来各级领导把主要精力放到了经济发展和城市建设上，对社会管理工作，尤其是应急管理工作的重视还不够，责任意识还不强。为此，要求各级党委、政府必须树立各级领导的应急意识，努力实现应急管理工作的"两个转变"，即从注重事发后的应急处置，向预防为主，预防、处置和恢复全过程管理转变；从部门为主的单灾种应急管理体制，向"党委领导、政府主导，专业处置、部门联动，条块结合、军地协同，全社会共同参与"的综合应急管理体制转变。不断增强广大干部的忧患意识、安全意识和责任意识，全面提高各级领导应急管理工作的能力。

（二）各有侧重，避免交叉，各级政府应急协调机构在职能划分上要优势互补

随着突发公共事件的综合性和超地域属性日趋明显，应急管理中的处理事务几乎涉及了所有的政府部门，而专业指挥部的职能并没有涵盖所有的危机，在危机处置中的权限也是参差不齐，在危机预防和善后处理方面势必缺少权威性。有必要进一步明确应急行政管理体制的边界和工作交叉上的重点，尽可能地发挥现有的应急管理力量和资源，避免重复建设、资源闲置。

（三）预防为主，整体联动，充分发挥专业处置力量的更大效能

应急管理机构最大的功能实质上就是"功夫在事外"。为此，专业应急指挥部的重点应逐渐调整为侧重灾前准备和减轻灾害造成的影响方面，为政府部门和公众进行经常性的突发事件预防服务应成为其日常的重要工作。要对各部门已有专业救援队伍进行多种应急技能的专业培训，配置多种救灾抢险技术装备，尽可能地使专业处置力量发挥更大的效能。如充分利用消防队伍布点广、机动性强和昼夜值勤的特点，除了发挥其消防灭火方面的优势外，还可以增加对防恐、防化、防爆等方面的培训，并配备相应的技术装备，使之专兼结合，一专多能。

（四）整合资源，适应形势，构建科学有效的社会综合治理体系

随着沈阳市社会的转型和各种经济组织的出现，传统的单位体制正在逐步失去作用，从上到下的"行政动员"或"政治动员"的应急管理体制，将不可避免地转向以社会动员为主。只有不断增强政府功能与社会功能的良性互动，公民的积极性、主动性、创造性才能得到充分发挥，这对财力较为紧张的各级政府来说显得尤为重要，可以使有限的资金发

挥最大的作用。在应急管理中，政府要当好引路人的角色，进一步整合社会资源，改善社会组织方式和管理方式，形成党委领导、政府负责、社会协同、公众参与的社会管理格局。

（五）积极探索，密切协同，充分发挥部队在应急管理中的作用

针对沈阳市军事机关多，辽沈地区驻军相对集中的特点，应积极探索驻军部队与地方应急管理工作的法规接轨，尽快将部队应急管理工作纳入规范化、制度化和法制化的轨道。要坚持在党和政府的领导下，在中央军委的统一指挥下，依托军队应急指挥机制开展行动。各级政府职能部门和其他专业力量要保持密切联系，建立联动机制，搞好协调配合，在组织指挥、行动方式、后勤保障等方面步调一致，形成快速处置突发事件的合力。

第六节　城市应急管理体系的上下同构

一、改革意义：提升理论和实践的双重价值

（一）理论研究缺失制约了城市应急管理体系的建构

城市应急管理体系建构需要理论研究支撑，然而，我国城市应急管理的理论研究还存在两点不足：一是没有把城市应急管理体系的研究提到应有的位置。无论是对单个城市应急管理体系的个案研究，还是对城市应急管理体系的整体研究，都已成为西方学术研究园地的一朵奇葩。比如，美国学者对纽约、芝加哥等城市应急管理体系的研究，英国学者对伦敦应急管理体系的研究，日本学者对东京应急管理体系的研究，都有丰硕的成果。我国学者的研究多侧重于对国家层面应急管理体系的一般性原理和原则的研究或介绍，围绕某个城市展开细密的理论作业与实务架构的研究并不多。王绍玉的《城市灾害应急与管理》只是探索了我国城市灾害应急管理体制和运行机制，左学金的《城市公共安全与应急管理研究》，虽然是专门研究上海应急管理的专著，但没有摆脱国家应急管理体系的窠臼。城市应急管理体系应该建成什么样子、怎么建设（"路径"问题），建设中应特别关注哪些问题，答案并不很清晰，在理论上还没有形成很有针对性和应用价值的结论。结果，导致城市应急管理体系与国家应急管理体系面上的雷同，城市应急管理体系的个性化表达被淹没。

二是研究思路的趋同。"一案三制"（应急预案、应急管理体制、机制和法制）是国家应急管理体系建设的基本框架，研究者几乎都把城市应急管理体系的内涵与外延局限在"一案三制"这个"框"里，研究路线基本上按照"一案三制"中的预案、体制、机制、法制线索进行，对预案、体制、机制、法制单个内容的具体研究也是大同小异。结果，导致城市应急管理体系与国家应急管理体系点上的雷同，各个城市无论大小，应急管理体系千"城"一面。

我国城市正处于突发事件的高发频发时期。从理论上厘清国家应急管理体系与城市应

急管理体系的区别与联系，对城市应急管理体系建设的路径进行深入探讨，从而构建中国特色的城市应急管理体系，回应城市应急管理的实践要求，使城市应急管理更加适应城市社会政治、经济和文化的快速发展，保障人民的各项权利，已经成为摆在学术界面前的一道必须解决的难题。

（二）高度同构制约了城市应急管理体系运行的质量

1. 高度同构的表现

一是思维雷同。由于应急管理的自主权不大，城市政府"等、靠、看"思想严重，在完成"一案三制"建设"规定动作"上不遗余力，但在丰富和创新"自选动作"上动力不足，热情不高。

二是职能类似。中央政府和城市政府之间应急管理的事权不明、职责不专，城市政府应急管理职能完全是中央政府的翻版。

三是预案照搬。城市政府往往照抄照搬国家预案，没有因地制宜的应急预案。《国家突发公共事件总体应急预案》包括总则、组织体系、运行机制、应急保障、监督和附则六个部分，城市政府的总体应急预案也是这些内容，导致专项预案标准过分统一、上下一般粗。

四是机构模仿。国务院是突发公共事件应急管理工作的最高行政领导机构。在国务院总理领导下，由国务院常务会议和国家相关突发公共事件应急指挥机构负责突发公共事件的应急管理工作。国务院办公厅设国务院应急管理办公室，履行值守应急、信息汇总和综合协调职责，发挥运转枢纽作用。我国城市一般设立突发公共事件应急委员会，统一领导全市突发公共事件应对工作，委员会主任由市长担任，办事机构应急管理办公室设在市政府办公厅，或者独立设置，行使应急管理的日常工作和综合协调职能，可以看出明显的模仿痕迹。

2. 高度同构的原因

首先，受制于行政管理体制。"统一领导、分级负责"是我国行政管理体制运行的基本模式，应急管理体制作为行政管理体制的一部分，同样要按照这一基本模式运行。这一模式因过分强调政府管理的统一性而忽视了政府管理的多样性和层次性，往往将政府职能、职责设置与机构设置的上下对口作为一个先决条件。

其次，没有处理好应急管理的普遍性、统一性与特殊性、差异性的关系。应急管理有一些规律性的东西可以把握和普遍适用的规则可以遵循。城市的应急管理体系应该是一般规律和特殊规律的综合反映，各个城市要以国家应急管理的顶层设计为指导，但更要认真研究自己城市应急管理的实践和特殊规律，建构能够体现城市特色的应急管理体系。但是，在实践中，往往过多强调普遍性、统一性，忽视了特殊性、差异性。

3. 高度同构的弊端

在我国应急管理体系中，中央政府是顶端，城市政府属中端，基层政府处末端，高度同构严重影响了应急管理体系中各端活力的发挥。

大而言之，它对于发挥城市政府自主性和积极性有着非常明显的阻碍作用。中央政府对应急管理各方面的制度、程序和活动都做了统一规定，而且要求城市政府都无差别地完全按照这些规定办，城市政府往往过于依赖中央政府的指令与决策，带来城市政府应急管理责任性和创造性严重不足的问题，直接影响城市应急管理体系的运行质量。

小而言之，对应急管理的各个环节造成不利影响。由于城市应急管理体系与国家应急管理体系的同质化，国家应急管理体系的弊端也传递给了城市。城市预案过度模仿国家预案，缺乏基于实际情况的风险分析、脆弱性分析和应急资源的统计，导致预案精细化不高、针对性不够、操作性不强。城市政府的应急办与国家应急办一样，级别低、权威性不够，在政府机构中属弱势机构，在履行综合协调职责时，由于缺乏决策和资源调动、整合等权力，常常心有余而力不足。

二、改革要旨：改变地方与中央的简单复制

城市市情是设计和构建城市应急管理体系的现实基础，它内在地决定着我国城市应急管理体系的特点、形态和发展方向，也是将国家应急管理体系同城市应急管理体系区别开来的基本依据。

（一）两者不同缘于中央政府与城市政府的职能差别

党的十六大明确指出，经济调节、市场监管、社会管理和公共服务是政府的四项基本职能。中央政府履行这四项职能不仅适当，而且义不容辞。城市政府与中央政府由于所处的地位、所承担的责任以及所拥有的权力不同，其职能定位应存在很大的差异性。城市政府在考虑其职能定位时，一定要将职能集中于其本身"作为"空间大的领域。在经济调节和市场监管领域，城市政府作为的空间相当有限。社会管理和公共服务领域，才是城市政府大展身手之处。因此，城市政府的主要职能就是提供城市管辖区范围的地方性公共产品和服务。如果城市政府无视或漠视这种差异，就会损害辖区市民的权利和利益。

在现代城市发展中，可预测到的和不可预测到的、可抗拒的和不可抗拒的自然灾害和经济社会突发的重大事件，随着环境和气候等因素的影响，随着城市化进程的加快和城市规模的扩大及城市群与经济圈的扩大，随着社会结构不断变化，社会阶层不断分化，发生的频率越来越高。对于肩负维护社会安全与稳定、保障公民权利任务的城市政府而言，应对危机不仅是职责所系，还应该放到提高执政水平的层面予以高度重视。因为城市危机之所以发生，在某种程度上是与政府提供公共物品的缺失或质量的粗劣相关，与政府社会管理和社会建设的水平相关。城市政府应急管理职责重在预防、重在服务、重在建设，这样才能使城市的人和物始终处在安全可控的状态，使城市保持持续、稳定、协调发展。

（二）两者不同缘于中央政府与城市政府的环境差异

中央政府面临的应急管理环境复杂多样，城市政府则比较简单。

一是管理的范围。中央政府管理范围覆盖全国，有城市，还有农村，城市政府只是辖区范围。虽然城市政府管辖的范围小，但是城市相对于乡村而言，隐藏了更多的风险。城市由于其人口和财富的高度集中，各类生产和生活设施的密集，以及广大市民对现代公共设施的强烈依赖，使得城市对灾害承载的脆弱性尤为突出。城市规模越大，生活系统越复杂，风险就越大。水、电、热、通信、垃圾处理、公共卫生，任何一个环节出现问题，都会引起社会混乱，而且，城市危机具有群发性、交叉性，易于诱发次生灾害。

二是管理的对象。相对于中央政府，城市政府需要控制的风险因素较单一，应对的危机种类较少，而且危机的级别较低，处置的难度较小。这说明城市应急管理的个性是客观存在的，城市应急管理体系不一定要完全"克隆"中央政府。

（三）两者不同缘于分级负责、属地为主的责任需要

我国应急管理实行"分级负责、属地管理为主"的责任制。责任制落实需要遵循统一性和灵活性兼容原则，建立具备一定扩展性和弹性的应急管理体系。统一性是指中央政府从全国一盘棋的高度着眼，构建应急管理的基本框架，实施适用于整个框架的概念、原则，以此规范各级政府的应急管理行为，确保应急管理在统一的框架下协调有序、高效运转、无缝对接。然而，中央政府和城市政府面对的危机事件的性质、规模、严重性具有极大的差异性，需要应急管理体系具有一定权变性和弹性。因为危机事件往往带有地域性特征，对其管理的方式必须具有当地特色。否则管理时可能出现事倍功半，甚至是徒劳的结果。

落实"分级负责、属地管理为主"的责任制，需要中央政府将更多的权力下放给城市政府，使其在管理危机事件时能更好地放开手脚，将危机最大限度地扼杀在萌芽状态，化解在初始阶段。

三、改革导向：体现"国家要求、城市特色"

（一）体现"国家要求"的顶层设计

城市政府必须以"国家要求"为引领，对城市应急管理体系改革的指导思想、基本思路和目标等高端性问题进行战略策划，为推进城市应急管理体系建设提供可供遵循的"序"。

1. 落实"一案三制"的构想

中央政府提出的"一案三制"，是我国应急管理体系的核心框架。它覆盖了事前、事中、事后三阶段的应急管理工作，包括预测、预警、预防、控制、处置、恢复等应急管理各环节、各步骤，也包括了应急管理的职能设定、主体设定、关系设定、格局设定、依据设定、方案设定、运行设定、协调设定、责任设定和规范设定，着力于打造一个内在高度协调顺畅、能够产生优良应急效能的特别管理系统。这一框架及其建立在它基础上的应急管理体系是一种极具创新性、开拓性的探索，集中了现代突发公共事件管理理论研究的最新成果。实践证明，"一案三制"的应急管理体系建设构想是正确的和有重要作用与价值的。据此

可以说，以"一案三制"为核心的框架正是我国应急管理体系所含"国家要求"的最集中体现，把它付诸实施，是城市政府义不容辞的责任。

2. 坚持"以人为本"的理念

"以人为本"是应急管理体系建设必须遵循的指导思想和基本原则。应急管理中"以人为本"原则的精髓主要体现在：第一，以人的生命健康为本，人的生命高于一切、先于一切和重于一切。第二，广大人民群众既是我们保护的主体，也是我们搞好公共安全工作、应对突发事件时依靠的主体。第三，在应急管理过程中，特别是在处置过程中一定要坚持救人第一，并避免发生次生事故，注意救人者的安全。这就要求把加强应急管理纳入到转变政府职能、更新施政理念之中，通过把更多的人力、财力、物力等公共资源用于社会管理和公共服务中来促进应急管理体系建设。在建设城市应急管理体系时，要将"以人为本"思想贯穿于应急管理的始终，把保障人民生命财产安全放在首位，把公众利益放在首位。

（二）体现"城市特色"的推进线路

1. 加强应急管理的法治建设

一是健全城市应急法制体系。在考虑城市独特性的前提下，广泛借鉴国外城市立法经验，制定城市应急管理法规和规章。特别是大城市应积极运用地方立法权，尽快制定城市紧急事态条例，并应针对城市经济社会生活中危机风险较大的领域出台专门的法规条例，以规范各项管理工作。

二是提高应急法制的执行力。通过预算制度、问责制等刚性制度安排，着力解决有法不依、执法不严、行政不作为、难获救济等问题。

三是加强应急法制的宣传教育。要把城市应急管理法律法规纳入社会普法教育内容，深化城市应急管理法制教育，增强全社会的城市应急管理法制观念。

2. 完善"城市生命线"工程

交通、通信、供电、供水、供气、下水道等这些公共设施被称为"城市生命线"，是保证城市居民生活正常运转最重要的基础设施，任何环节滞后或失灵都可能导致整个城市瘫痪。令人担忧的是，目前大多数城市的"生命线"设计功能单一、标准较低，既不完善又不配套，缺乏自我保障能力，成为城市危机的重要风险源头。城市政府要积极回应市民不断增长的公共需求，加大对公共设施建设的投资，强化城市功能，以达到提高市民生活质量和提升城市应急管理质量的目的。

3. 强化预案的编制与演练

面对城市建设和发展可能出现的新风险和新隐患，城市政府要与时俱进，及时编制相应的应急预案。编写新的预案既要注意结合国家层面的预案，又要做到因地制宜，不墨守成规，根据城市的风险类型、特征、性质和发生可能性的高低，做出主次分明、重点突出、针对性、规范性和可操作性强的预案。对已有的预案要进行认真评估，做精细化和科学化改进，精简和缩略华而不实的内容，细化应急操作流程。通过实战演习、桌面推演、会商模拟等方法演练全部预案，切实检验预案、磨合机制、锻炼队伍。加强预案的动态管理，及时修正预案存在的错误或纰漏，使"死预案"变成"活预案"、"纸预案"变成"实预案"。

4. 建立"大部制"应急管理体制

机构众多、职能交叉、多头管理、缺乏权威高效的管理机构，是当前我国应急管理体制的最大弊端。需要按照"大部制"的要求，进一步加强应急管理体制的整合和权威性建设。由于多种原因，国家层面还未启动应急管理体制"大部制"改革，城市政府有条件可先行先试。深圳市结合 2009 年机构改革，探索国防动员和应急指挥的有机融合，将该市应急指挥中心和民防委员会办公室（地震局）的职责以及安全管理委员会办公室的综合协调职责进行整合，组建了深圳市应急管理办公室（挂深圳市安全管理委员会办公室、深圳市安全生产监督管理局、深圳市民防委员会办公室、深圳市地震局牌子）由深圳市政府办公厅归口联系，全面负责应急指挥、安全生产、民防、地震、核应急等各项工作，形成了系统的"大应急"管理格局。改革后，资源得到整合，原来分散的人员力量得到有效集中和加强，使机制更加完善。深圳"大应急"管理格局离真正意义上的"大部制"应急管理体制还有较大距离，需要进一步推动这项改革。

5. 打造便民高效的应急联动系统平台

"一号拨进、分流处置、统一管理"是国际社会应急管理的通行模式。我国城市一般都有多个报警、指挥信息平台，如公安的 110、消防的 119、交警的 122、医疗急救的 120，以及市委市政府的值班室、人防的指挥通信网络等，它们各自为政，既造成资源的极大浪费，难以统一各部门的行动，又给市民带来不便。南宁市以 110 报警服务台为中心，整合其他信息服务，形成了城市突发公共事件的应急联动平台，做到统一接警受理、统一报警号码、统一指挥调度、统一采取行动，使城市居民和企事业单位遇到危难时能够得到及时有效的救助，为其他城市提供了可以借鉴的成功经验。

6. 构建反应灵敏、管理到位的基层工作体系

基层处于应对突发事件的"关口"前沿，是城市应急管理工作的基石和"神经末梢"。加强基层应急管理工作，重点要解决以下问题：

首先，要解决机构、人员和经费问题。加快建立强有力的应急管理组织体系，健全基层应急管理领导机构、办事机构，尽快明确应急管理机构设置规格和人员编制，确保有人干事，有人管事和必要的物力、财力，实现应急管理日常工作的有序运行。

其次，要解决基层应急管理工作的重点问题。基层是隐患排查监控工作的责任主体，构造"预防为主"的应急管理上游机制，对各类危险源、危险区域和因素以及社会矛盾纠纷等进行全面排查。对排查出的隐患，要认真进行整改，并做到边查边改，实现应急管理从被动应付型向主动预防型的转变。基层是危机事件信息报告的责任主体，危机事件发生后，基层要第一时间向上级政府和救援机构报告。基层是危机事件的第一响应者，危机事件发生后，基层要立即组织应急队伍，以营救遇险人员为重点，开展先期处置工作，防止发生次生、衍生事故。基层是善后任务的主要承担者，要协助有关方面做好善后处置、物

资发放、抚恤补偿、医疗康复、心理引导、环境整治、保险理赔、事件调查评估和制定实施重建规划等各项工作。

最后，要解决社区应急管理薄弱问题。城市应急管理的重点要放在社区，充分发挥社区在应急管理中的自救互救功能。强化社区安全意识，明确社区内各种组织、单位和居民都有参与社区应急管理的责任和义务，构筑起邻里守望相助、社区常备不懈的基层防控网络；针对社区内易引发事故的因素制定预防和处置方案，指定专门人员（专职或志愿者）负责具体落实；对社区应急管理人员进行专业培训，定期组织有针对性的社区应急演练，推动基层应急管理工作水平总体提升。

参考文献

[1] 严薇. 市场经济下城市规划管理运行机制的研究 [D]. 重庆大学，2015.

[2] 李婧. 市场经济下城市规划管理运行机制研究 [J]. 科学技术创新，2015(5)：22.

[3] 刘明正. 城市规划管理运行机制在市场经济下的运作研究 [J]. 科技风，2018(11)：182.

[4] 艾伟. 分析市场经济下城乡规划制度创新思考 [J]. 城市地理，2017(14)：57.

[5] 陈骁，何发杰. 市场经济体制下城市规划管理研究 [J]. 企业文化（中旬刊），2014(2)：117.

[6] 陈仁孝. 探讨市场经济下城市规划管理运行机制的研究 [J]. 城市建设理论研究（电子版），2014(20)：117.

[7] 李婧. 市场经济下城市规划管理运行机制研究 [J]. 黑龙江科技信息，2015(5)：129.

[8] 范增晶. 市场经济下的城市规划策略 [J]. 住宅与房地产，2016(9)：35.

[9] 于斌斌. 中国城市群产业集聚与经济效率差异的门槛效应研究 [J]. 经济理论与经济管理，2015(3)：60-73.

[10] 李煜伟，倪鹏飞. 外部性、运输网络与城市群经济增长 [J]. 中国社会科学，2013(3)：22-42.

[11] 文余源. 人力资本、FDI、空间外部性与长江中游城市群经济增长绩效 [J]. 商业研究，2013(10)：20-27.

[12] 陈秀山，张可云. 区域经济理论 [M]. 北京：商务印书馆，2009：83-85.

[13] 邓元慧，欧国立，邢虎松. 城市群形成与演化：基于演化经济地理学的分析 [J]. 科技进步与对策，2015(6)：45-50.

[14] 王冰，程婷. 中国中部六大城市群经济增长的差异性和收敛性 [J]. 城市问题，2015(3)：11-17.

[15] 张云飞. 城市群内产业集聚与经济增长关系的实证研究——基于面板数据的分析 [J]. 经济地理，2014，34(1)：108-113.

[16] 李阳. 城市公园市场化经营与管理探析 [J]. 现代园艺，2016，(4)：135.

[17] 吴承照，王晓庆，许东新. 城市公园社会协同管理机制研究 [J]. 中国园林，2017，(2)：66-70.

[18] 沈哲芬. 城市公园建设与管理市场化研究——以厦门市 ZL 公园为例 [D]. 华侨大学，2013.

[19] 周生营，张明杰．城乡供水一体化管理服务的创新路径研究 [J].山东工业技术，2018（23）：246.

[20] 张凯旋．对供排水信息一体化管理平台的研究与实现 [J].净水技术，2018，37（S2）：118-121.

[21] 胡泽红．城市供排水的一体化管理研究 [J].科技创新导报，2017，14（7）：39，41.